MW01656956

Bebés increíbles:
Guía y diario para el primer año de su bebé

Maneras de estimular el desarrollo social, emocional y del lenguaje en su bebé

Bebés increíbles

Guía y diario para el primer año de su bebé

Maneras de estimular el desarrollo social, emocional
wy del lenguaje en su bebé

CAROLYN WEBSTER-STRATTON, PH.D.

The Incredible Years

Bebés increíbles
Guía y diario para el primer año de su bebé

Diseño del libro: Janice St. Marie

Webster-Stratton, Carolyn
Bebés increíbles

Incluye referencias bibliográficas.
ISBN 978-1-892222-07-7

Editorial:
Incredible Years®, Inc.
1411 8th Avenue West
Seattle, WA 98119, EE. UU.
206-285-7565
www.incredibleyears.com

Impreso en los EE. UU.

Reconocimientos

En primer lugar, estoy agradecida a los investigadores que han estudiado las maneras en que los bebés piensan y aprenden. Quizás el más admirable de los gigantes sea Piaget, quien fue el primero en describir la manera cualitativa en que cambia el pensamiento y los conocimientos de bebés y niños durante las fases críticas de su desarrollo cerebral. Durante la última década los científicos cognitivos desarrollaron la tecnología necesaria para realmente observar el interior del cerebro del bebé en sus conexiones neuronales y estudiar la interacción de lo biológico, lo genético y el medio ambiente. Si bien es imposible reconocer aquí a la totalidad de esa generación de científicos, ellos—en su acción colectiva—nos han ayudado a comenzar a comprender cómo aprenden los bebés y la diferencia que puede marcar un medio social y de apoyo en el desarrollo físico, social y emocional del pequeño. Nos ayudan a reconocer y valorar la significativa tarea de la crianza afectuosa para el futuro de nuestros niños y el mundo.

Jamila Reid, mi amiga y colega en la investigación y el trabajo clínico, ha leído, comentado y revisado los borradores de este libro, y estoy muy agradecida por su sabiduría y sus percepciones. Lisa St. George, directora editorial de Incredible Years, me ha ayudado a cumplir mi sueño de este libro al incentivarme a la acción, hacer lecturas de prueba, corregir el estilo, colaborar con el diseñador gráfico y brindarme su constante apoyo.

Y concluyo los reconocimientos con mi familia. Mis propios padres me enseñaron mucho sobre el compromiso, la empatía, la exploración y las rutinas predecibles, que—al escribir este libro y evocar mi propia infancia—adquirieron una especial importancia en mis reflexiones. Además, al haber observado a mis propios hijos (actualmente en los veintitantos años de edad) desarrollar, explorar y perseverar en sus metas para ayudar a las familias, deseo dedicar este libro a ellos y todos los demás que trabajan para ocuparse de las familias y sus hijos, y brindarles apoyo. Por último, agradezco a mi esposo, por la seguridad que siempre me brinda y por apoyar mi trabajo con las familias.

CONTENIDO

Prólogo

DURANTE LOS 30 ÚLTIMOS AÑOS TRABAJÉ como psicóloga clínica y enfermera pediátrica especialista. En este tiempo se ha concretado una significativa medida de investigación sobre el desarrollo cerebral de bebés y niños, y la manera sinérgica en que interactúan el ambiente y los genes. Si bien no es posible que los padres cambien los genes o el temperamento en particular con que llega su bebé al nacer, está claro que "el cableado cerebral" del bebé, y –con el tiempo– su competencia social, emocional y académica son profundamente influidos por su ambiente, particularmente la manera en que los padres se relacionan socialmente con los pequeños. La investigación y la exploración cerebral indican que los bebés son aprendices increíbles, incentivados por su cerebro para adquirir información por sí mismos, y también tienen una enorme curiosidad para aprender. Sin embargo, cuando los recibimos vienen con un cerebro inmaduro e "inconcluso". Al nacer ya tienen todo el complemento de las neuronas a su disposición, pero las sinapsis o conexiones entre las neuronas se encuentran en construcción a gran escala y son flexibles. En otras palabras, los bebés nacen con el material "crudo" de la estructura cerebral, y la manera en que se organiza dicho material en una forma arquitectónica saludable será determinada o esculpida por interacciones afectuosas y receptivas con los padres.

Aparentemente, el desarrollo cerebral del bebé es producto del principio de "úsalo o piérdelo". Es decir que las conexiones entre las neuronas son fortalecidas por el uso repetitivo y el apoyo; pero, cuando no se usan, se debilitan y, con el tiempo, desaparecen. Los padres y las niñeras cumplen un papel importante en el desarrollo cerebral de sus bebés al brindar una respuesta constante y receptiva a las señales del bebé. Uno podría comparar el desarrollo y crecimiento del cerebro en bebés saludables con la experiencia de sembrar semillas en un suelo productivo y un jardinero que aporta fertilizante de forma permanente. A medida que crece, se eliminan las malas hierbas y se poda la planta para obtener un crecimiento óptimo. Uno tiene que ser prudente con respecto a una poda excesiva por temor a destruir la planta. Lo mismo podría decirse de la crianza de los hijos. La tarea de los padres consiste en ayudar a los bebés a desarrollar una sólida base cerebral con abundante amor, afecto, coaching y nutrientes saludables. Esto fortalecerá el desarrollo de sus conexiones neuronales sociales, físicas, emocionales y cognitivas, como así también la capacidad del bebé de establecer relaciones profundas y de confianza con otras personas. (Nota: "Cognitivo" es lo relativo al conocimiento o el razonamiento).

En este libro cubriremos el primer año de vida y las maneras en que los padres pueden observar atentamente a sus hijos para llegar a ser científicos especialistas en bebés. Los padres aprenderán a leer las condiciones internas y las señales sutiles de su bebé, y determinarán la óptima estimulación táctil, física, visual y receptiva según las fases del desarrollo, como así también las respuestas y necesidades del pequeño. Dicha interacción se caracteriza por ritmo y sincronía, en buena medida como bailar un tango. Los padres receptivos ayudan al bebé a adquirir información del mundo exterior para desarrollar la conciencia en sí mismo, desarrollar el apego entre padres e hijo, poner en marcha al constante proceso de un saludable desarrollo emocional. Esas experiencias esenciales con los padres en la primera infancia trazan senderos en el cerebro del bebé que formarán la base para que posteriormente madure el desarrollo saludable a nivel social, emocional y del lenguaje.

Hablaré sobre la manera en que los bebés progresan desde una modalidad pasiva y observacional de aprendizaje a una percepción más exploratoria e interactiva de su ambiente y la conciencia de sí mismo. Platicaremos sobre las maneras en que los padres pueden garantizar la seguridad física y emocional del bebé, brindarle la nutrición adecuada y ayudarlo a adquirir patrones saludables de sueño. En cada capítulo se incluye una sección de diario donde los padres pueden escribir lo que el bebé ha aprendido a hacer cada mes, como también registrar su recuerdo de lo que le gusta y no le gusta al pequeño, cuáles son sus actividades, canciones y cuentos favoritos, y cuáles son sus rutinas diarias. Espero que este diario sea algo que ustedes puedan compartir con otros familiares y niñeras para que también conozcan las necesidades del bebé y su personalidad. Quizás, cuando el bebé crezca, esto sea algo que puedan leer juntos ya que a los niños les encanta oír anécdotas de cuando eran bebés. La

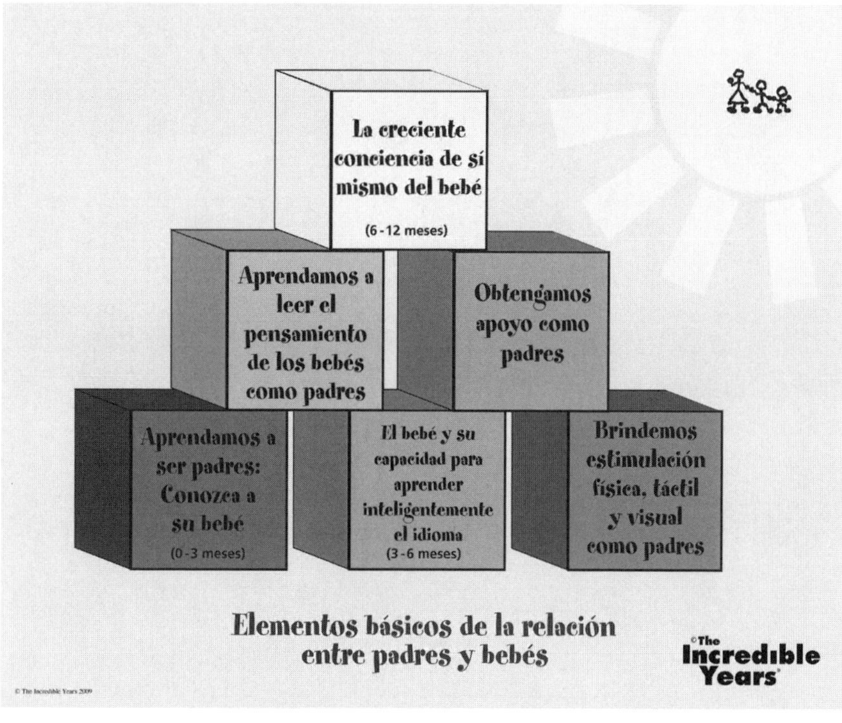

primera etapa en la vida del bebé pasa mucho más rápidamente de lo que imaginamos. Cuando uno está en medio de ese huracán –respondiendo a la necesidad del bebé de alimentarse o cambiarle los pañales cada 2 o 3 horas– tal vez parezca que usted nunca volverá a dormir ni a dedicar un momento a sus intereses personales... pero el bebé no tardará en convertirse en un pequeño que habla y camina. Anotar en este diario algunas de esas ocasiones especiales a edad temprana podrá ayudarle a conservar los recuerdos de su primer año con su increíble bebé.

Carolyn

Capítulo 1

Cómo criar a su bebé y conocerlo mejor:

LOS TRES PRIMEROS MESES

Introducción

Los bebés tienen capacidad para aprender inteligentemente. Desde las primeras horas de vida, los pequeños observan, piensan e incluso razonan. Se mantienen en gran armonía con su ambiente y se ocupan activamente de descubrir el mundo en que viven. Pocos días después de nacer, los bebés pueden distinguir las caras y las voces de las personas de las demás cosas que ven y oyen. ¿Sabía usted que, de hecho, los bebés prefieren ver la cara de una persona y recibir estimulación humana por sobre todo lo demás? Incluso antes de que caminen o hablan, pueden reconocer si una cara se ve contenta, triste o enojada. En efecto, parece que el cerebro del bebé se ha programado para reconocer a las personas que lo aman y procurar la estimulación humana por encima de lo demás.

En este libro hablaremos sobre el primer año de vida del bebé y las maneras en que los padres pueden llegar a ser científicos especialistas en bebés por medio de la atenta observación, el aprendizaje de la lectura de las condiciones internas y las señales sutiles del bebé, y la determinación de la óptima estimulación táctil, física, visual y receptiva según las necesidades y respuestas del pequeño. Esa interacción dirigida por el bebé se caracteriza por ritmo y sincronía, en buena medida como bailar un tango. Al actuar de esa manera los padres cumplen un rol afectuoso y receptivo, y ayudan al bebé en su increíble travesía en el desarrollo de una sólida base o arquitectura cerebral para su futuro crecimiento.

Ninguno de nosotros nace sabiendo cómo criar a los hijos. Si le ha nacido el primer bebé, quizás se sienta abrumada por todo lo que hay que aprender... desde cómo alimentar al bebé hasta cómo cambiar pañales o bañarlo. Este libro le ayudará a aprender algunas de esas cosas prácticas. Sin embargo, también es importante recordar que usted ya tiene una herramienta increíblemente valiosa en la crianza, que es el amor que siente por su bebé. Al observar atentamente al bebé, aprenderá sobre el temperamento exclusivo del pequeño y la manera en que usted puede facilitarle el desarrollo intelectual, físico, social y emocional. Lo más importante es que aprenderá a confiar en su propia sabiduría sobre lo que el bebé quiere comunicarle. En otras palabras, deje que el bebé le enseñe lo que necesita.

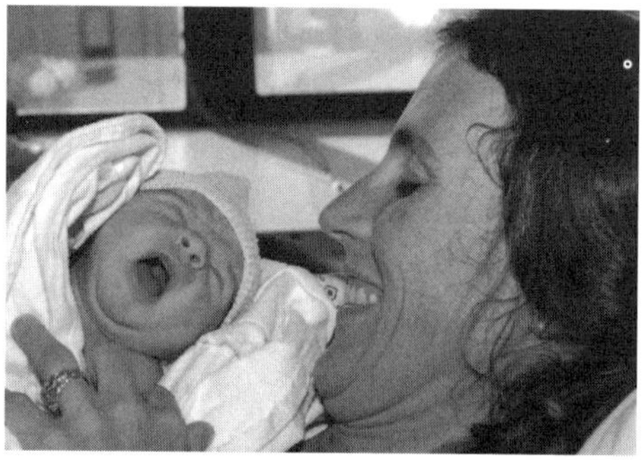

Cómo aprender a comunicarse con su bebé y a escucharlo

Observar y escuchar al bebé

Una de las tareas de aprendizaje más importantes para padres, tanto primerizos como experimentados, es tratar de comprender lo que comunica el bebé: Eso se logra intentando leer las señales que da el bebé. El llanto es una de las primeras maneras en que un bebé da señales o se comunica. Usted aprenderá a escuchar el llanto del bebé y a distinguir si expresa angustia, si pide cambio de pañales, si quiere comer, si manifiesta enojo o señala la necesidad de cambiar una actividad, un estímulo o un lugar. ¡No se preocupe si al principio no puede distinguir esas diversas maneras de llorar! Comprender el significado de cada llanto lleva su tiempo. Relájese y dese tiempo para observar, estudiar y aprender ese nuevo lenguaje del bebé. Dedique tiempo a escuchar los diferentes tipos de llanto de su bebé.

A veces los padres se sienten confundidos. No saben si están malcriando al pequeño si responden a cada llanto. Recuerde que no es posible malcriar al bebé en los 4 primeros meses de vida. En realidad, para los bebés es importante recibir una respuesta predecible a su llanto durante los primeros meses. Puede que esa tarea resulte algo abrumadora para los padres ya que algunos bebés son muy molestos y lloran todo el tiempo. Los padres lo alimentarán, le cambiarán los pañales, le brindarán un lugar silencioso para dormir y una gran medida de mimos, tiempo en brazos, consuelo y comunicación... Así cubrirán las necesidades básicas del bebé de una manera cariñosa y receptiva. Cuando se cubren dichas necesidades de manera constante durante el primer año de vida, el bebé aprende a confiar y establece un vínculo fuerte con su mamá o papá. Es decir que, si el bebé llora y usted viene a atenderlo en forma predecible, lo hará sentirse seguro. Por otra parte, un bebé desatendido que llora y no recibe respuesta—o recibe una respuesta impredecible de su madre o padre—desarrollará desconfianza o se sentirá inseguro en su relación con otras personas.

Recuerde que no es posible malcriar al bebé en los 4 primeros meses de vida.

El llanto de un bebé puede indicar la necesidad básica de alimentarse, que lo ayuden a eructar o que le cambien los pañales; sin embargo, el llanto también puede indicar necesidades críticas de estimulación física, auditiva, visual y táctil. De hecho, para el bebé esa clase de estimulación es tan importante como el alimento. Las conexiones de las neuronas en el cerebro del bebé son inmaduras. La manera en que usted responda a sus señales sociales y emocionales con el tiempo formará parte de la arquitectura de los circuitos en su cerebro. Su relación con el bebé determinará la forma en que crecerá el cerebro y la clase de persona que llegará a ser el pequeño.

Durante los tres primeros meses, los bebés son mayormente "aprendices por observación". Aprenden al mirar y escuchar a sus padres con muchísima atención. Durante esta etapa usted también puede ser "aprendiz por observación". Observe lo que al bebé le gusta mirar, escuchar... y cómo responde cuando lo toca de maneras diferentes.

Contacto con los ojos: 12 pulg. (30 cm)

Los recién nacidos solamente pueden concentrarse en objetos que están a una distancia de 8–15 pulgadas (20–38 cm) de su nariz. Por lo tanto, cuando le hable al bebé, ponga su cara a unas 12 pulgadas (30 cm) de la cara del bebé. Esa es una distancia óptima para la vista del pequeño. Es importante hablarle como si comprendiera lo que usted le dice. Sonríale y dele una respuesta positiva y cariñosa porque el bebé puede entender las emociones que hay detrás de sus palabras según la expresión de su cara y el tono de su voz. Eso es importante para el aprendizaje social y de lenguaje del pequeño. Hacia los cuatro meses de edad (o, incluso, a veces antes) es previsible que el bebé comience a "participar" en las conversaciones con usted, es decir, a hacer arrullos cuando usted deja de hablar. Puede que también observe que llora menos y hace más arrullos y balbuceos. Las interacciones sociales y físicas positivas con usted durante esta etapa

serán importantes, no solamente para fortalecer el apego, sino que las investigaciones revelan también el beneficio adicional de mayor crecimiento para el bebé y respuestas fisiológicas con menor estrés.

Además de hablar con el bebé y escucharlo, también puede estimularlo visualmente con juguetes, dibujos y objetos de la casa. Cuando el bebé todavía es demasiado pequeño como para sujetar juguetes, puede colgar o sujetar algunos a unas 12 pulgadas (30 cm) de su cara. Procure no ofrecerle demasiados juguetes al mismo tiempo. Tener demasiados objetos en su campo visual puede confundir o frustrar al bebé. La práctica de darle uno o dos juguetes y luego reemplazarlos cuando parezca aburrirse puede ayudarle al bebé a concentrarse, sin estimularse excesivamente. Preste atención a cuánta estimulación es adecuada para su bebé. Hay amplias diferencias individuales en la manera en que los bebés pueden manejar los estímulos, tal como hay diferencias en su necesidad de dormir, en cuánto lloran y en cómo pueden tranquilizarse. Para los padres, la meta no consiste en comparar al bebé con otros, sino en observar, escuchar y responder de manera sensible al estilo exclusivo de su bebé. De esa manera fortalecerán las conexiones cognitivas, de lenguaje, sociales y emocionales del pequeño.

IMPORTANTE PARA EL BEBÉ

No es posible malcriar al bebé si lo carga cuando llora durante los 4 o 5 primeros meses de vida. De hecho, cargarlo mejora la sensación de seguridad que el bebé tiene en su ambiente.

Cómo controlar los berrinches

Entre las tres y doces semanas de vida, casi todos los bebés tendrán un periodo de llanto o berrinche, habitualmente hacia el final del día. A menudo los padres descubren que, durante esos periodos, casi nada de lo que hagan consolará o calmará al bebé. Puede ser algo frustrante para ellos, especialmente si frecuentemente coincide con las horas en que madres y padres están agotados o regresan del trabajo a la casa. En su forma extrema, esa condición de berrinche inconsolable suele llamarse "cólico" y puede durar tres o más horas por día. Aproximadamente el 15-20% de los bebés padecen de cólicos. Pero la mayoría de los demás bebés tienen periodos más breves de llanto y angustia cada día. El horario de esa conducta fastidiosa es muy predecible para la mayoría de los bebés; por lo tanto, se supone que cumple un propósito organizativo para el sistema nervioso inmaduro del pequeño. En efecto, se ha previsto que algunos (o muchos) berrinches son un indicio saludable para el bebé y contribuyen positivamente a su desarrollo neurológico. Recuerde que su meta es enseñarle al bebé que puede contar con usted; sin embargo, eso no significa que deba cargarlo 24 horas al día ni responder a cada uno de sus gemidos. Habrá ocasiones en que no pueda responder inmediatamente al llanto del bebé. No se preocupe porque eso no le causará un trastorno emocional de por vida. ¡También necesitará desarrollar algunas estrategias de control para usted y el bebé a fin de sobrevivir a los berrinches!

Por lo general, los berrinches no durarán más de 1–2 horas.

El mejor criterio es probar con todas las razones por las que piensa que podría llorar el bebé (pañal mojado, hambre, enfermo, cansado, mucho calor o frío, necesidad de eructar, sentirse solo o estar aburrido). Si parecen estar cubiertas todas las necesidades básicas del bebé, intente diversas estrategias para consolarlo, tales como cargarlo, mecerlo, cantarle suavemente, atenuar la luz, hacerlo caminar, hacerlo cabalgar sobre su rodilla, envolverlo en una manta y cargarlo en un portabebés o "canguro". Recuerde que, al calmar o mimar a un bebé irritado, es importante mantener la calma propia. Los bebés pueden captar sus emociones y sentirá su ansiedad. Recuerde que también habrá ocasiones en que cargar o mimar a un bebé irritado no logrará calmarlo.

Por lo general, los berrinches no durarán más de 1–2 horas. Si usted se pone demasiado ansiosa o si le brinda estimulación excesiva al bebé cuando su sistema nervioso ya está sobrecargado, le resultará más difícil calmarlo. Si usted realmente ha comprobado que el bebé no necesita un cambio de pañales, no le duele nada, no está enfermo, no tiene calor ni frío o no tiene hambre, y —a pesar de eso— no funcionan sus técnicas para consolarlo, puede ser útil interrumpir toda la estimulación que le está dando y tomarse usted un descanso también.

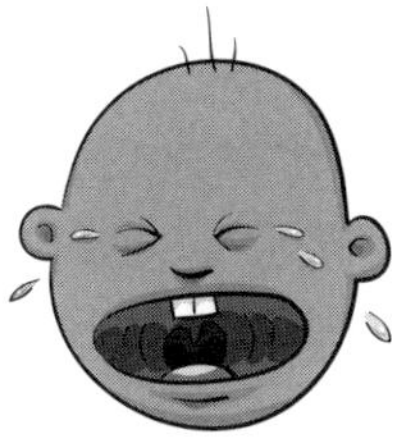

Para ello puede envolverlo en una manta y acostarle en su cuna en una habitación con la luz atenuada. Durante ese tiempo, procure tener paciencia, mantenga la calma y deje que el bebé llore por 5–10 minutos para que "se descargue". Manténgase cerca, ya sea en la misma habitación o en otra contigua, para supervisar la capacidad del bebé de tranquilizarse solo. No se trata de dejar que el bebé "se desquite" con el llanto. En lugar de ello, usted intentará comprobar la posibilidad de que el pequeño esté demasiado estimulado por todo lo que ve, lo que oye y lo que lo toca en su nuevo mundo, y necesita un descanso. Después de 5–10 minutos, usted puede regresar y acariciarle la cabeza o ayudarlo a ponerse la mano en la boca para chuparla, y hablarle con tranquilidad o cantarle suavemente. No lo cargue inmediatamente. Compruebe si responde al efecto tranquilizador de su voz y sus caricias. Si no se calma, puede cargarlo brevemente y luego acostarlo otra vez para que haga otro ciclo de berrinche. Rara vez se necesita esta rutina más de 3–4 veces. Se considera que al finalizar ese ciclo de berrinche, el bebé dormirá mejor y su mente estará mejor organizada. Durante esos berrinches es esencial que usted reciba apoyo como madre o padre. Si comparte la crianza con una pareja, túrnense para que uno atienda al bebé y el otro descanse. Si no comparte la crianza con una pareja, busque maneras de mantener la calma, tales como detenerse para tomar un té, llamar a una amiga o respirar profundamente para relajarse. Es muy difícil para un adulto mantener la calma durante los berrinches del pequeño, pero recuerde que es una fase normal del desarrollo y que casi todos los bebés la superan a los 4 o 5 meses de edad.

Durante esos berrinches es esencial que usted reciba apoyo como madre o padre.

El hábito de chuparse el pulgar y los chupetes

Evite ponerle el chupete cada vez que llore el bebé.

Chupar el pulgar y chupetes son métodos saludables para que los bebés se calmen solos porque los ayuda a controlarse cuando están irritables y enfadados. Aparentemente, los bebés tienen un reflejo de succión incorporado que se desarrolla dentro del útero. Sin embargo, conviene limitar el uso de un chupete a las ocasiones en que usted haya probado otras estrategias para serenarlo y, aún así, el bebé necesita calmarse solo. Evite darle el chupete cada vez que llore. Por lo general, es mejor primero cargarlo, mecerlo y dejar que se chupe la mano. De esa manera ayudará al bebé a no depender demasiado del chupete como único medio para calmarse solo.

Cómo determinar si el bebé está enfermo

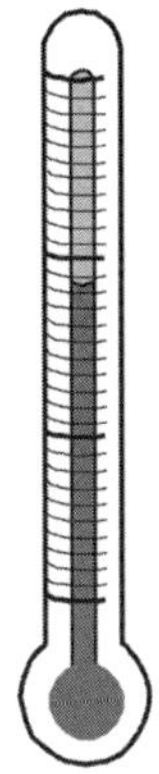

Temperatura: La mayoría de los médicos asienten que la temperatura corporal normal de un bebé sano es de 97 a 100.4 grados Fahrenheit (36–38°C). Las temperaturas superiores a ese rango se consideran fiebre. Los padres son las personas mejor indicadas para determinar si el bebé está enfermo y se debe llamar al médico si están preocupados, incluso aunque el pequeño no tenga fiebre. Además, la fiebre es algo más serio en bebés menores de tres meses. Si el pequeño tiene menos de tres meses y presenta una temperatura de 100.4°F (38°C) o más alta, llame inmediatamente a su médico. Si el pequeño tiene de tres a seis meses, llame si la temperatura llega a 101°F (38.3°C) o más alta. Si el pequeño es mayor de seis meses, llame si la temperatura llega a 103°F (39.4°C) o más alta. Uno de los detalles importantes para tener en cuenta es el aspecto y la conducta del bebé. Observe qué tan irritable está, si bebe y orina, o si le cambia el color de la piel. Si el bebé tiene fiebre, no es necesario abrigarlo más ni cubrirlo con mantas más gruesas. En realidad, eso puede aumentarle la temperatura. En lugar de ello, quítele algunas capas de ropa y déjelo descansar en un lugar fresco.

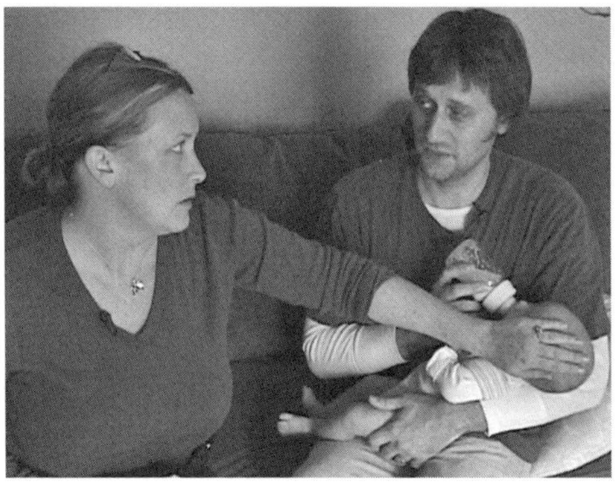

IMPORTANTE PARA EL BEBÉ

No le dé al bebé ningún medicamento de venta libre hasta que haya consultado a su médico.

El acné del bebé

Sencillamente lávele la cara una vez al día con agua y jabón suave para bebés.

El acné del bebé es muy común y por lo general se manifiesta durante el primer mes en las mejillas y a veces en la frente o la espalda. Esos granitos de punta blanca podrían verse rodeados de piel enrojecida y evidenciarse más cuando el bebé tiene calor o está irritable. El acné puede ser causado por hormonas que segrega la madre durante la última semana del embarazo. Por lo general, el acné se desaparece por sí mismo en un par de semanas, pero a veces puede tardar más. No le aplique cremas ni aceites a la piel del bebé porque hará que empeore el acné. También evite frotarle la piel o lavársela demasiado porque el acné no es causado por la suciedad. Sencillamente lávele la cara una vez al día con agua y jabón suave para bebés.

Las partes blandas

Los bebés tienen una parte blanda (fontanela) en la parte superior del cráneo y una pequeña en la parte de atrás. A veces puede verse el pulso debajo de esas partes. Esos son los lugares donde los huesos del cráneo del bebé todavía no se han soldado entre sí. Dicha parte blanda permite que el cráneo del bebé se amolde en el parto. Ese cráneo flexible también permite que el cerebro siga creciendo durante los primeros años de vida. La parte blanda de atrás se cierra dentro de los cuatro primeros meses mientras que la parte blanda superior se cierra en un año. Dichas partes –que pueden tocarse suavemente– están recubiertas por una membrana resistente para proteger el cerebro debajo de ellas. Si la cabeza se golpea, el cráneo se amortiguará. Es una protección importante y no tan frágil como se podría pensar.

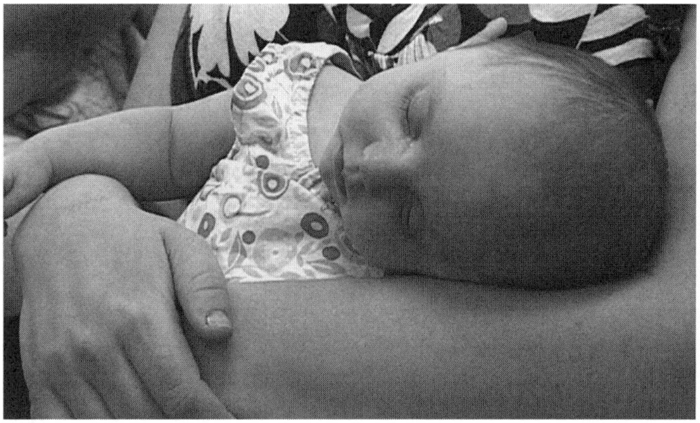

La alimentación

Aunque la leche materna sea la ideal y recomendada para los bebés, hay buenas razones porque en ciertas familias se necesita alimentarlos con biberón en lugar de amamantarlos. Independientemente de que usted lo amamante o le dé el biberón, puede brindarle al bebé el contacto cercano, el afecto y la intimidad que necesita el pequeño al alimentarse. Durante esos tiempos de alimentación lo más importantes es el contacto cara a cara. Mírelo a los ojos, mímelo y háblele mientras lo amamanta. Sonríale y, si le da el biberón, incline la botella hacia arriba para que se llene de fórmula la tetina.

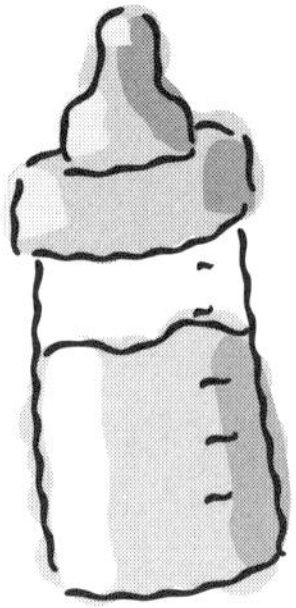

Quizás haya notado que hay dos maneras de chupar: la succión que hace el bebé para mantenerse calmado y bajo control, en contraste con la succión nutritiva que hace para alimentarse cuando tiene hambre. El primer tipo de succión usa el frente de la lengua en un movimiento de lamida y el segundo tipo usa la parte de atrás de la lengua y jala desde la garganta. El bebé comenzará a chupar con breves "ráfagas" de succión constante. Luego seguirá con un patrón de ráfaga y pausa, y después con un patrón de succión, succión y pausa. A menudo, las pausas son un momento adecuado para jugar y conversar...o para hacerlo eructar.

Durante los primeros meses usted estará preocupada por la alimentación del bebé. Quizás se pregunte si el bebé está tomando suficiente leche, por cuando tiempo alimentarlo cada vez y cómo hacerlo eructar. Si el bebé es amamantado, habitualmente de 15 a 20 minutos por seno serán suficiente para que chupe la cantidad adecuada de leche. Si el bebé es alimentado con fórmula, de 1 a 3 onzas (30 a 90 cc) por alimentación serán suficientes para un recién nacido. (El bebé promedio toma de 2 a 3 onzas [60 a 90 cc] por día por cada libra [454 g] de su peso.) También puede comprobar que el bebé toma suficiente leche si parece satisfecho después de alimentarse, si pasa de 1 a 2 horas entre una y otra alimentación, si orina frecuentemente (un pañal mojado significa que el pequeño está hidratado) y, después de la primera semana, si aumenta de peso. La leche materna es el alimento ideal para los 6 primeros meses de vida. Independientemente de que lo amamante o lo alimente con fórmula, no se recomienda darle alimentos sólidos antes de los 6 meses.

IMPORTANTE PARA EL BEBÉ

No intente cumplir horarios rígidos de alimentación durante las primeras semanas o meses. Se lo puede alimentar cada dos horas o "a pedido" tan frecuentemente como parezca que el bebé tiene hambre.

Recuerde que el estómago del bebé es pequeño y no puede retener demasiada leche a la vez. No se preocupe por la pérdida de peso durante la primera semana. Los bebés amamantados pueden perder tanto como el 7–10% de su peso corporal en los 4–5 primeros días de vida. Se considera que una pérdida del 5% del peso es normal para bebés alimentados con fórmula. Después del primer mes, por lo general los bebés aumentan tanto como media libra (227 g) por semana.

IMPORTANTE PARA EL BEBÉ

Si lo alimenta con biberón, nunca apoye el biberón sobre nada ni deje que el bebé se alimente sin supervisión. Esto podría asfixiarlo. El bebé necesita que usted sujete el biberón mientras se alimenta.

Eructos y regurgitaciones

Casi todos los bebés dejan de regurgitar alrededor de los 6–7 meses de edad.

Aproximadamente el 40% de los bebés pequeños regurgitan regularmente y los 4 meses señalan la edad en que más regurgitan. Frecuentemente, después de alimentarse en forma ruidosa y a tragos grandes, para los padres es previsible que arroje un chorro de leche. Eso ocurre porque el bebé traga aire junto con la leche materna o la fórmula, y el aire le queda atrapado en el estómago. El aire tiene que eructarse y lleva algo de leche consigo. Aunque cada bebé es diferente a los demás, por lo general, necesita que lo hagan eructar a la mitad de una alimentación y el final de la misma. Si el bebé traga mucho aire, puede que deba hacerlo eructar más a menudo. Si deja de alimentarlo a la mitad del ciclo para hacerlo eructar y el bebé llora, siga alimentándolo. Si el bebé se duerme mientras es amamantado o toma el biberón, es probable que no necesite despertarlo para hacerlo eructar. Sin embargo, si se despierta molesto algunos minutos después, es buena señal de que necesita eructar. Si no se despierta, pase por alto el eructo y déjelo dormir.

No hay una sola manera correcta de hacer eructar a los bebés. Por lo general, eructar requiere quitarle la presión del estómago y mantener al bebé erguido para que el aire suba y salga. Puede hacerlo cargándolo sobre su hombro, con el pecho del bebé contra su pecho, y palmeándole la espalda. O bien puede sentar al bebé sobre su regazo y sostenerle la mandíbula mientras le frota la espalda. También podrá hacerlo si apoya al bebé sobre su regazo, con la cabeza sobre un lado de su muslo. Si usted tiene otra posición que funciona, siga usándola.

Frecuentemente los padres se preocupan por la cantidad de leche que regurgita el bebé al eructar. Pero habitualmente la cantidad de leche regurgitada parece ser mayor de lo que es. Pruebe con derramar una cucharada de leche sobre la encimera de la cocina para ver qué aspecto tiene. Si la regurgitación no lo altera al bebé y este aumenta de peso normalmente, entonces no hay por qué preocuparse de lo que regurgita. Casi todos los bebés dejan de regurgitar alrededor de los 6–7 meses de edad, cuando comienzan a sentarse sin ayuda o a gatear o caminar.

Algunos consejos para mantener le leche en la barriga

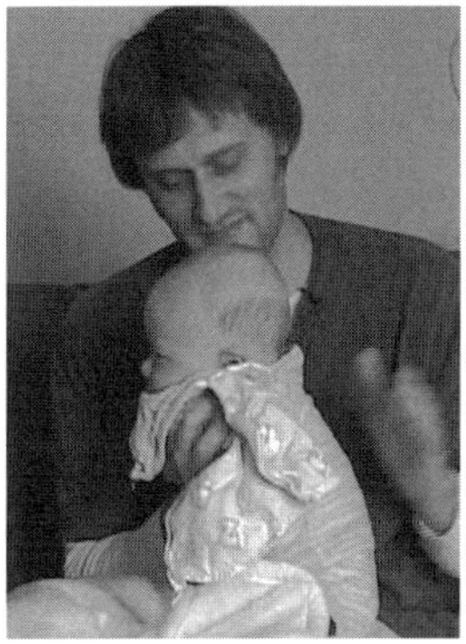

- Mantenga al bebé erguido
- Si le da el biberón, compruebe que el agujero de la tetina no sea ni demasiado pequeño ni grande. Si el agujero es pequeño, el bebé se frustrará y tragará aire. Si el agujero es grande, el bebé tragará mucha leche demasiado rápido.
- Mantenga la calma y reduzca las distracciones mientras lo alimenta.
- Cuando el bebé haga una pausa natural al alimentarse, aprovéchela para hacerlo eructar
- Si el bebé no eructa cada vez que le palmea la espalda, no se preocupe. Es probable que no necesite eructar.
- Después de alimentarlo, mantenga al bebé tranquilo y erguido durante 20 minutos, y evite el exceso de actividad.

IMPORTANTE PARA EL BEBÉ

Si el bebé está angustiado y regurgita mucha leche de manera forzada o lanzada, entonces se trata de vómitos y tendrá que llamar a su médico o enfermera. Llame también al médico si observa cualquier cantidad de bilis en el vómito.

La regurgitación excesiva, las evacuaciones intestinales frecuentes entre alimentaciones y el sarpullido rojizo que deja costras en la cara del bebé pueden ser un indicio de alergia a la proteína de la leche. Si esto ocurre, los padres tienen que consultar al médico para determinar si el bebé padece de una alergia a la leche y necesita alimentarse con otra fórmula recetada por su pediatra. Por lo general, los bebés amamantados no tienen esas intolerancias a la leche.

Las evacuaciones intestinales y el cambio de pañales

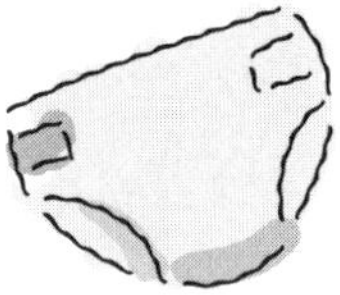

Un bebé recién nacido que es amamantado puede hacer tantas como 8–10 evacuaciones intestinales al día durante la primera semana. En esos primeros días, las evacuaciones son espesas y de color verde oscuro a negro por el meconio acumulado durante el embarazo. Cuando el bebé comience a amamantarse las evacuaciones empezarán a verse amarillentas. La evacuación de los bebés amamantados es amarilla y de aspecto granuloso. Después de la primera semana, las evacuaciones intestinales ocurren con menor frecuencia. Hacia las 4-6 semanas de vida es bastante normal que un bebé amamantado pase una semana sin evacuar. Los bebés amamantados no se estriñen.

Las evacuaciones intestinales de los bebés son tan individuales como lo son los bebés y, con el tiempo, los padres aprenderán a reconocer los patrones normales.

Un bebé alimentado con fórmula comienza a evacuar de color negro o verde oscuro y luego el color cambia a amarillo, tostado o castaño verdoso. Habitualmente el recién nacido tiene una o más evacuaciones intestinales por día y, hacia la edad de 1-2 meses puede pasar varios días sin evacuar. Lo importante no es si el bebé evacua los intestinos, sino qué tan dura es la materia fecal y cuál es el motivo de su inquietud. Normalmente, la evacuación es un poquito más firme que la de un bebé amamantado, con una consistencia similar a la mantequilla de maní. Hay estreñimiento cuando la evacuación es dura y grande, y el bebé tiene dificultad para expulsarla. Si un bebé alimentado con fórmula tiene evacuaciones duras o si tiene 5–6 evacuaciones verdosas, de aspecto mucoso o acuoso, los padres deben consultar a su médico.

El color de las evacuaciones de un bebé varía de un día a otro según lo que come la madre que lo amamanta, según qué tan hidratado está el bebé y el tipo y la frecuencia de la fórmula que toma en biberón. Cuando los padres comienzan a alimentarlo con cereal y otros alimentos sólidos, puede haber cambios llamativos en el color, el olor y la frecuencia de las evacuaciones. Para obtener información sobre cómo controlar el estreñimiento durante esta transición, consulte el capítulo 6.

Los patrones del sueño del bebé

Los recién nacidos duermen 17-18 horas por día durante las primeras semanas. Durante los 3-4 primeros meses de vida, los bebés pasan más tiempo dormidos que despiertos. Pero habitualmente duermen durante periodos más cortos y necesitan comer y que les cambien los pañales a menudo. Intentar seguir un horario rígido durante los 3 o 4 primeros meses de vida del bebé no resulta práctico. Probablemente necesite ser flexible alrededor de las siestas del bebé.

No obstante, hacia los 4-5 meses de vida, la mayoría de los bebés dormirá a intervalos más prolongados y tendrán un patrón más predecible de horas de sueño y vigilia. A esa edad puede comenzar a organizar un horario más regular para dormir. Pero recuerde que el tiempo de desarrollo de cada bebé es tan singular como el bebé. Por eso, su observación y registro de los patrones de sueño de su bebé le señalará qué tan preparado está el pequeño para dormir regularmente.

Dormir toda la noche: En algún momento entre los 4-6 meses de edad, casi todos los bebés pueden dormir de 5 a 6 horas sin interrupción. Tal vez no le resulta suficiente si usted esperaba que durmiera de 8 a 9 horas, pero es un hito importante que le permitirá a dormir varias horas ininterrumpidamente. Hacia los 6 meses de vida, o quizás antes, si el bebé está listo para el destete nocturno, le convendrá hacer eso. Para obtener información sobre cómo organizar un horario para dormir, consulte el capítulo 6.

IMPORTANTE PARA EL BEBÉ

No debe haber animalitos de peluche, almohadas, mantas sueltas, protectores tipo almohada ni juguetitos en las cunas. Hasta que los bebés aprendan a voltearse solos, siempre deben ser colocados de espaldas en la cuna para dormir la siesta o durante la noche. Hágalo dormir sobre una superficie firme, tal como un colchón de seguridad aprobado para cunas, cubierto con una sábana ajustable. Nunca haga dormir al bebé sobre almohadas, pieles de oveja u otras superficies blandas.

Los padres necesitan dormir y recibir apoyo

También es importante ajustar las expectativas de lo que usted puede hacer.

Durante las primeras semanas, los bebés se despiertan varias veces por la noche para alimentarse. Eso significa que usted no podrá dormir un ciclo completo y frecuentemente estará cansada. En efecto, los horarios de sueño y la necesidad de alimentarse del bebé serán tan impredecibles que la mantendrán alerta. Entonces será importante ser flexible, aprovechar las siestas del bebé para dormir usted un rato adicional, acostarse temprano o procurar el apoyo de otros que pueden cuidar al bebé mientras usted duerme. Obtener apoyo de su pareja, un amigo o un familiar puede marcar toda la diferencia. También es importante ajustar las expectativas de lo que usted puede hacer. Mantener la casa ordenada o cocinar comidas muy elaboradas será mucho menos importante que descansar regularmente y estar a disposición del bebé para alimentarlo, mimarlo y jugar. No es posible "hacerlo todo". Piense en sus prioridades y la importancia de darle el primer lugar a sus hijos.

IMPORTANTE PARA EL BEBÉ

No permita que nadie fume cerca del bebé.

La comunicación receptiva y las actividades de apoyo para estimular el cerebro del bebé

Al nacer los bebés llegan con un cerebro inmaduro e “inconcluso”. Ya tienen todo el complemento de las neuronas a su disposición, pero no se han determinado las sinapsis o conexiones (circuitos eléctricos) entre las neuronas. Esas conexiones son flexibles y se encuentran en construcción a gran escala. En efecto, las conexiones del cerebro de un bebé son moldeadas de una manera arquitectónica exclusiva y saludable por los padres que establecen interacciones receptivas y afectuosas con el pequeño. Hemos hablado de la manera en que los padres aprenden a comprender las señales de los bebés que lloran y entienden si los pequeños tienen hambre o pañales sucios, o si lloran porque necesitan alguna estimulación física, auditiva, visual o táctil. Ese tipo de estimulación es tan importante para el desarrollo físico del bebé y el futuro “cableado” de su cerebro como lo es la alimentación. De hecho, su comunicación y sus interacciones afectuosas al jugar con el bebé determinarán la forma en que crecerá el cerebro y la clase de persona que llegará a ser el pequeño.

Contacto táctil cuerpo a cuerpo

IMPORTANTE PARA EL BEBÉ

Coloque siempre las sillas saltarinas en el piso. Nunca ponga una silla saltarina sobre la mesa ni la encimera de la cocina. Hasta los pequeños movimientos del bebé podrían hacerla caer al piso.

Los padres como científicos especialistas en bebés: en resumen...

Recuerde que, en este momento, el llanto es el único medio que tiene su bebé para comunicar que necesita algo.

Durante los primeros meses de vida del bebé, usted es como una especie de científico especialista en bebés, alguien que resuelve problemas y deduce el significado del llanto y las señales del pequeño. Usted examina las hipótesis sobre las diversas razones porque el bebé podría llorar: cambiarle los pañales, tratar de mecerlo, mimarlo o darle un chupete para que se calme, alimentarlo para determinar si tiene hambre o tomarle la temperatura o sentirle el calor de la piel y consultar a su médico. Al responder de esas maneras predecibles y sensibles, usted ayuda al bebé a desarrollar su confianza; es decir, el bebé está aprendiendo que, cuando se angustia, puede confiar en que usted intentará atenderlo. Eso contribuye a que el pequeño se sienta emocionalmente seguro en su ambiente. Recuerde que, en este momento, el llanto es el único medio que tiene su bebé para comunicar que necesita algo. Por eso es importante que usted responda. Es natural que los padres tengan preocupaciones sobre su bebé y se pregunten si son normales las maneras de responder del pequeño. Compartir tales preocupaciones con una pareja, amigos cercanos, un grupo de apoyo para padres o un médico es una manera útil de confirmar qué hacer.

Hacia el final de los tres primeros meses usted habrá aprendido mucho sobre su bebé. Habrá aprendido a leer las señales, emociones y conductas del bebé. Habrá empezado a comprender el significado de los llantos del bebé. Podrá interpretar si el bebé llora porque necesita un cambio de pañales, porque tiene hambre o porque desea algo de atención. Al jugar con el pequeño, al mimarlo y expresarle su amor por él, hará que se sienta amado. Usted ha comenzado a establecer con su bebé un vínculo que durará toda la vida, y el pequeño ha comenzado a responderle con balbuceos, arrullos y sonrisas. Usted comenzará a reconocer si el bebé prefiere la sillita saltarina en

Observar y escuchar al bebé

lugar del columpio, y sabrá qué juguetes y canciones lo hacen sonreír. Usted ya piensa desde el punto de vista del bebé y ajusta la cantidad de estimulación que necesita el pequeño según sus respuestas individuales. Usted se deleita con el bebé.

Es importante tener paciencia y darse tiempo para aprender ese nuevo lenguaje del bebé. Cuando usted comience a hablar y entender el lenguaje del bebé es posible que ambos –usted y el pequeño– se sientan frustrados. Se trata de un proceso de aprendizaje recíproco para los dos: cada uno comienza a interpretar la forma de comunicación del otro. Recuerde que, así como usted es una "científica", también el bebé es un "científico". En base a su relación con usted, el bebé procura entender lo que siente, cómo la afectan las acciones de él y cómo expresarle lo que él desea. Aunque solamente han pasado unos meses desde que nació su bebé, ambos ya habrán aprendido mucho –él de usted y usted de él– y cada uno ha comenzado a tejer ese vínculo afectivo.

Es importante tener paciencia y darse tiempo para aprender ese nuevo lenguaje del bebé.

Detalles para recordar:

CÓMO CONOCER MEJOR A SU BEBÉ

Cada bebé es diferente. Dedique un tiempo a observarlo, a conocer su temperamento y la manera en que responde a su comunicación.

- Mire al bebé y sonríale: su cara debe estar a unas 12 pulgadas (30 cm) de la cara del bebé.
- Observe las respuestas del bebé a sus sonrisas e interacciones.
- Escuche el llanto del bebé para distinguir sus diversas maneras de llorar: hambre, pañal sucio, cansancio, enfermedad, aburrimiento, estimulación excesiva o necesidad de estimulación.
- Observe cómo el bebé responde cuando lo mima, lo mece y lo acaricia.
- Observe cómo responde el bebé a la música.
- Cántele al bebé.
- Hable para ver si el bebé gira la cabeza en respuesta a su voz.
- Cuando haya una pausa en la alimentación del bebé, háblele.
- Observe cómo responde el bebé a objetos blancos y negros, objetos de color, objetos que hacen ruidos y luces.
- Cárguelo con un portabebé "como canguro" y vea cómo responde.
- Responda a las señales del bebé probando diversas ideas sobre lo que trata de decirle a usted.
- Observe qué esfuerzos hace su bebé para calmarse solo, como al chuparse las manos.
- Pregunte a su pareja qué cosas observa en el bebé.
- Mantenga un diario del bebé y escriba las cosas que le interesen al pequeño o los hitos en su desarrollo.

Detalles para recordar

USTED NECESITA CUIDARSE

- Descanse todo el tiempo que pueda.
- Duerma siestas. Intente dormir cuando duerme el bebé.
- Tome un descanso. Pida a alguien que cuide al bebé mientras usted duerme una siesta.
- Haga algo especial para usted, tal como tomar un largo baño de espuma o salir a caminar con una amiga.
- Converse sobre las alegrías y dificultades de la crianza con otra mamá u otro papá.
- Reconozca que usted hace un buen trabajo al aprender de su bebé.
- Mantenga un registro de los momentos divertidos.
- No se preocupe por ordenar la casa ni por preparar comidas muy elaboradas.
- Si una amiga le ofrece preparar una comida, acéptela.
- Dese el gusto de comprar una comida para llevar.
- Simplifique su vida.
- Si está amamantando, puede extraerse un biberón de leche cada día para que una amiga, su pareja u otro familiar se encargue de alimentar al bebé.

Escriba aquí sus actividades favoritas de cuidado personal:

La perspectiva de los padres
CÓMO LIDIARÉ CON EL LLANTO

Si sabe que el bebé está bien alimentado y limpio, y si ha intentado calmarlo y mimarlo pero continúa llorando desconsoladamente, ya es hora de ocuparse de usted misma. Así que no se sienta frustrada. Dedique 5 minutos a tranquilizarse.

- Pondré al bebé en un lugar seguro y lo dejaré llorar por 5 minutos

Estaré cerca, pero mantendré la calma

- Pondré música tranquila para distraerme
- Respiraré profundamente
- Recordaré que al bebé no le pasa nada malo. Llorar es algo normal; es su manera de descargarse y organizarse
- Me recordaré "esto mejorará en unos meses"
- Me diré a mí misma "puedo lidiar con esto"
- No sacudiré al bebé para descargar en él mi frustración
- Llamaré a alguien para obtener ayuda si siento que aumenta mi frustración
- Recordaré que el periodo de llanto o berrinche habitualmente terminará en 1-2 horas

Después de relajarme por 5 minutos, volveré al bebé y lo meceré y mimaré por un rato. Luego volveré a acostarlo y repetiré lo que hice antes por mí. Por lo general, no hará falta que los padres hagan esto más de 3 o 4 veces hasta que se calme el bebé.

Hago que mi bebé se sienta seguro y protegido

DIARIO DE MI BEBÉ

Cada semana escriba aquí notas sobre los descubrimientos del bebé y las alegrías de esta etapa.

El diario de mi bebé
PRIMERA SEMANA

HORAS DE DORMIR

HORAS
DE ALIMENTARSE

HORAS DE JUGAR Y
ESTAR ALERTA

BERRINCHES

EVACUACIONES

El diario de mi bebé
UN MES

HORAS DE DORMIR

HORAS
DE ALIMENTARSE

HORAS DE JUGAR Y
ESTAR ALERTA

BERRINCHES

EVACUACIONES

El diario de mi bebé
DOS MESES

HORAS DE DORMIR

HORAS
DE ALIMENTARSE

HORAS DE JUGAR Y
ESTAR ALERTA

BERRINCHES

EVACUACIONES

El diario de mi bebé

TRES MESES

HORAS DE DORMIR

HORAS
DE ALIMENTARSE

HORAS DE JUGAR Y
ESTAR ALERTA

BERRINCHES

EVACUACIONES

La perspectiva del bebé

COSAS QUE PUEDO HACER (0–3 meses)

Actividad	Fecha	Observaciones/Comentarios
Sigo objetos con los ojos		
Balbuceo; digo "uh" y "ah"		
Sonrío, me río y chillo		
Hoy me descubrí las manos		
Miro la cara de mamá o papá		
Tengo una actividad o un juguete favorito		

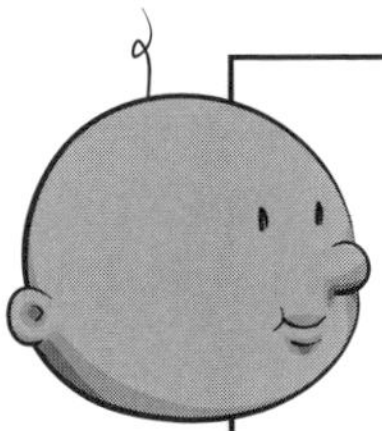

La perspectiva del bebé

COSAS QUE PUEDO HACER (0–3 meses)

Actividad	Fecha	Observaciones/Comentarios
Puedo reconocer la voz de mamá o papá		
Puedo mantener la cabeza levantada		
Necesito apoyo porque me bamboleo al sentarme		
Reconozco mi nombre		
Puedo decir "baba"		
Me gusta que me lean		

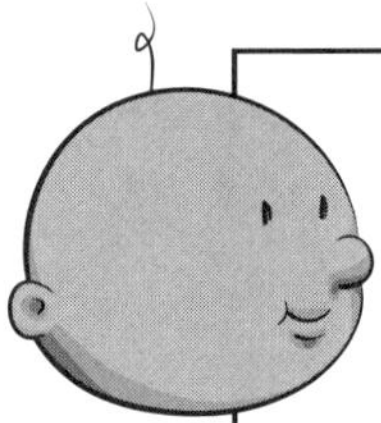

La perspectiva del bebé
COSAS QUE PUEDO HACER (0–3 meses)

Actividad	Fecha	Observaciones/Comentarios
Me descubrí los pies		
Cuando estás contenta, yo también lo estoy		
Me encanta que me canten		
Imito sonidos		
Me doy cuenta de cuando me cuida otra persona		
Me encanta explorar con la boca		

Los tres primeros meses

IMPRESIONES DE LAS MANOS Y LOS PIES DEL BEBÉ

Estampe aquí la impresión de una mano o un pie del bebé durante los tres primeros meses.

Los tres primeros meses

LAS PRIMERAS FOTOS DEL BEBÉ

CAPÍTULO 2

Los padres como comunicadores receptivos y los bebés como aprendices inteligentes del lenguaje:

LOS TRES PRIMEROS MESES

Introducción

¿Cuándo empiezan a aprender el lenguaje los recién nacidos? De hecho, los bebés saben cosas importantes del lenguaje desde que nacen... y aprenden mucho sobre el lenguaje antes de que realmente puedan decir algo. Como ya lo hablamos en el Capítulo 1, en el primer mes el bebé se sintoniza de manera entusiasta con la voz y las expresiones de la cara de mamá y papá. Los bebés comienzan a aprender el lenguaje al observarla y escucharla hablar a usted, como así también al leer los labios y al copiar e imitar los sonidos de su lenguaje. Habrá notado que su bebé

se sobresalta con los ruidos inesperados, reconoce su voz al girar la cabeza hacia quien habla, imita el movimiento de su boca y lengua, y comienza a esbozar una sonrisa. Hacia los tres o cuatro meses el bebé comenzará a comprender los sonidos humanos, a hacer arrullos y a entablar conversaciones–como respondiendo a sus frases–en un intercambio social con balbuceos y sonidos vocales. Al bebé le encantará oírla hablar en "lenguaje materno" más que en un tipo "normal de conversación". Usted captará su atención si varía el tono, el ritmo y demás características de la voz. Entre los cuatro y ocho meses de edad, el bebé producirá secuencias de sílabas con sonidos consonantes y vocales. Es posible que, acostado en su cuna, lo oiga jugar con sonidos y chillidos, encantado con sus ruiditos. Quizás también empiece a decir "mamama" o "dadada". El bebé reconocerá su propio nombre y también distinguirá, en la voz de mamá o papá, entre los tonos felices, tristes o enfadados. También le gustará escuchar canciones conocidas, saludos y la lectura reiterada de libros.

Es importante la comunicación de los padres con el bebé porque lo ayuda a organizar su mundo y aprender a comunicarse.

La investigación ha demostrado que, en todas las culturas, los padres hablan con los bebés de una manera diferente, destinada a que los pequeños aprendan los sonidos. Las palabras, los sonidos y las frases de los padres son juguetonas, reiteradas, bien pronunciadas, breves y producidas en un tono infantil con mucho efecto positivo. Es importante esa comunicación temprana de los padres con los bebés porque los ayuda a organizar su mundo y aprender a comunicarse. Cuando los padres señalan objetos y los nombran, los bebés absorben el lenguaje relacionado con esos objetos. Cuando los padres relatan las acciones de los bebés les muestran la manera en que dichas acciones influyen en el mundo. En este capítulo aprenderemos sobre las maneras de hablar con los bebés para mejorar el desarrollo de su lenguaje. Hablaremos sobre la comunicación dirigida por el bebé, al estilo de bailar un tango, que ocurre entre los padres y los bebés, como así también la manera en que los bebés "imitan" a los padres y estos "imitan" a los bebés.

Cómo incentivar al bebé con el lenguaje

Los padres y los bebés se turnan para comunicarse. Al hacerlo, se imitan mutuamente intercambiando sonidos. ¡Las interacciones de juegos con palabras de los padres son el mejor juguete que podría tener un bebé! Además, esa clase de juego es esencial para el desarrollo social y emocional del cerebro de un bebé, particularmente en el estímulo para adquirir el lenguaje. La investigación revela que la cantidad de lenguaje que oye un bebé durante el primer año luego se relaciona directamente con su vocabulario, su capacidad para hablar y sus logros escolares. ¡Cuánto más hable con su bebé mejor será para él!

¡Cuánto más hable con su bebé mejor será para él!

Diviértase jugando

Cómo describir objetos y nombrar acciones— hablar en "lenguaje materno"

Hable en lenguaje materno

A los bebés les encanta el "lenguaje materno", un idioma universal de crianza. (Ver consejos al final de este capítulo.) Es un lenguaje melodioso, de tono alto, lento y pausado, con sonidos prolongados, claramente articulados y casi musicales, que utiliza la repetición y las expresiones faciales exageradas. A los bebés los apasiona esa especie de lenguaje musical y prefieren eso antes que la conversación normal de los adultos. No sienta vergüenza por la manera en que usted suena porque eso facilita el desarrollo del lenguaje en el cerebro de su bebé. ¿Por qué? Porque es más fácil que el bebé comprenda sus palabras si se dicen de manera lenta, distintiva y exagerada. Intente imaginar que usted es un "relator deportivo" que describe –jugada a jugada– la experiencia de su bebé. En otras palabras, describa todo lo que su bebé ve (colores, objetos, formas, letras, olores, posiciones, partes del cuerpo) y hace (acciones y la relación entre la acción y cómo funciona algo). Platique con su bebé sobre su rutina diaria, tal como el cambio de pañales, la alimentación o el hábito de dormir. Para aprender a hacer ese comentario descriptivo, tal vez le convenga imaginar que el bebé no puede ver y usted le cuenta todo lo que hay en su ambiente para que sepa exactamente lo que sucede. Describa sus propias acciones y describa también las del bebé.

Por ejemplo, "mamá te quita este calcetín. ¡Paquito, ahí está tu dedito gordo! Uno, dos, tres, cuatro, cinco deditos del pie. Ahora atrapaste el dedito gordo. ¡Epa... te lo pusiste en la boca!" O bien, cuando juega a elevarlo en el aire y volver a bajarlo, puede usar palabras que lo describen. "arriba... Abajo, abajo, abajo. ¡Arriba otra vez y abajo otra vez!" Eso ayuda al bebé a entender el sentido espacial de "arriba" y "abajo", y le da la perspectiva visual de subir o bajar. También puede variar el tono de la voz. Háblele con una voz amistosa y chillona cuando lo levanta y con una voz grave cuando lo baja. Eso mantendrá interesado al bebé. No olvide usar el nombre del bebé cuando describa sus acciones, para que el pequeño se vaya familiarizando con su nombre exclusivo.

Diga el nombre del bebé

Ese lenguaje materno descriptivo es como un fertilizante esencial para el desarrollo del cerebro del bebé y, en particular, el aprendizaje del lenguaje y la conducta social. Aunque no puede pasar todas las horas que está despierta conversando con el bebé, puede colocarlo en lugares centrales de la casa donde pueda hablarle mientras hace sus tareas domésticas y donde usted puede ver lo que sucede cuando le describe lo que hace. Procure encontrar oportunidades durante el día para platicar con el bebé. La investigación ha demostrado que lo que determina el éxito escolar de los niños es la cantidad de lenguaje o conversación y la variedad de palabras por hora que oyen de sus padres en los primeros años de vida.

IMPORTANTE PARA EL BEBÉ:

La cantidad de palabras que oyen los bebés cada día, como así también la frecuencia de sus interacciones sociales, pronostican significativamente el éxito escolar y las destrezas sociales que caracterizarán a los niños a edad más avanzada. Con respecto a las palabras habladas, la variedad es casi tan importante como la cantidad.

El ambiente bilingüe

Antes de los seis meses de edad, todos los bebés pueden distinguir sonidos de todos los idiomas.

Si usted y su pareja hablan idiomas diferentes o si usted es una persona bilingüe, cada uno puede hablar al bebé en su idioma nativo. Es muy probable que su idioma nativo sea el que le resulte más fácil y cómodo para hablar "en estilo maternal" con el bebé. ¿Sabía usted que, antes de los 6 meses de edad, todos los bebés pueden distinguir sonidos de todos los idiomas del mundo? Sin embargo, entre los 6 y 12 meses, los bebés se vinculan más estrechamente con la cultura al aprender su lenguaje y es probable que distingan solamente los sonidos de los idiomas a los cuales se exponen en su familia. De modo que la experiencia con varios idiomas a edad temprana facilitará que el bebé crezca conociendo dos idiomas. Incluso se ha sugerido que la experiencia de oír dos idiomas a edad temprana produce una mayor flexibilidad cognitiva causada por la práctica cerebral de comunicarse alternadamente en dos idiomas.

Hable en su "lenguaje del amor"

Desde el primer día en que contempló al bebé en la cuna no hay dudas de que le habló en el lenguaje del amor al decirle cosas tales como "eres hermoso", "te quiero", etc. Quizás se haya preguntado usted "¿acaso mi bebé entiende algo de lo que digo? En tanto que en los primeros meses de vida los bebés no pueden comprender el complejo significado de la palabra "amor", son sumamente sensibles para leer las emociones en los gestos de su cara, el tono de sus arrullos y su voz, las caricias o cosquillas, y también para aprender del mundo de los sentimientos. De hecho, al principio captan mejor sus señales emocionales no verbales que las palabras. Las interacciones caracterizadas por el cariño y la delicadeza transmiten una sensación de afecto, amor y seguridad y probablemente su bebé responda con sentimientos similares y sonría. Por otro lado, si usted está tensa, cansada y de mal humor, es probable que el bebé sienta su tensión y la rigidez de su cuerpo. El pequeño está aprendiendo sobre sentimientos y conductas. Hacia los seis meses de edad comenzará a comprender el significado de las palabras que, en efecto, expresan amor y otros sentimientos. Cuando esté con su bebé, háblele sobre la felicidad, el deleite, el amor y la alegría que usted siente con él. Eso hará que el pequeño comprenda mejor el lenguaje y en su cerebro comenzará a desarrollar empatía porque aprende que las demás personas tienen sentimientos (es decir, se identifica con el estado de ánimo de otros). Eso también fortalecerá el vínculo afectivo del bebé con usted.

Al principio los bebés captan mejor sus señales emocionales no verbales que las palabras.

Por lo general, hacia los seis meses de vida, un bebé puede experimentar sorpresa, enojo, temor, tristeza, disgusto y felicidad. El hecho de nombrar lo que siente su bebé también desarrolla el lenguaje sobre sus sentimientos. Cuando lo observe reír, dígale que eso es felicidad. Cuando lo vea observar pacientemente, dígale que eso es serenidad o curiosidad. Cuando lo vea esforzarse mucho para evacuar el vientre, dígale que eso es frustración. Cuando llore, dígale que tiene hambre o que necesita un cambio de pañales. Así comenzará usted a ayudar al bebé a comprender la empatía y las emociones de los demás, porque le demuestra que comprende cómo se siente él y le da el ejemplo de cómo hacerlo.

Léale al bebé

Hay nueva evidencia que revela que los bebés se benefician de muchas maneras cuando los padres les leen cuentos. De hecho, se considera que la lectura diaria fortalece las conexiones neuronales del cerebro que forman el cimiento del desarrollo del lenguaje y la alfabetización para los niños. Durante los primeros meses es posible que usted note con cuánta atención la escucha el bebé durante la lectura. El pequeño aprende a escuchar, una destreza esencial en la formación del lenguaje. Leerle en voz alta permite que el niño reconozca la voz de mamá o papá, como así también su patrón de lenguaje, y que escuche una mayor cantidad de palabras para su vocabulario. En efecto, hay estudios que han demostrado que la cantidad de palabras que oye a diario un bebé es el factor de pronóstico más importante para su inteligencia, su éxito escolar y sus destrezas sociales en el futuro. La lectura en voz alta ayuda a los bebés a desarrollar su capacidad de atención. De hecho, en los primeros meses de vida, los bebés pueden concentrarse intensamente. Dicha capacidad no será evidente en los meses posteriores o cuando comiencen a caminar. Esto se debe a que los bebés no pueden movilizarse y, por lo tanto, tienen la capacidad de explorar y examinar todo lo que oyen y ven a fin de obtener información y comprenderla. Se trata de un periodo esencial para incentivar en el bebé esa capacidad de atención mientras escucha lo que le leen. La lectura también traerá beneficios tanto para el bebé como para sus padres, ya que fortalece el vínculo afectivo y serena el estado de ánimo.

Cante canciones de amor y recite versos

Durante los seis primeros meses, léale versos infantiles y libros con canciones. Muéstrele también "libros para leer, tocar y sentir", de textura suave y colores llamativos, o figuras en blanco y negro. Al describir para el bebé los colores y los objetos que hay en las ilustraciones de los libros, hable en el mismo "lenguaje materno" que tratamos anteriormente. No es necesario leer todas las palabras del libro. Basta con señalar las ilustraciones, describirlas, permitirle al bebé tocar el libro e incluso llevárselo a la boca. Al principio será como un monólogo "a solas", pero no pasará mucho tiempo antes de que el bebé se quede absolutamente admirado con el libro y lo que usted hace con los ojos y la boca. Ya ha comenzado su rutina de lectura.

Algunos consejos para leer con el bebé

- Lea en un lugar silencioso. Elimine todo ruido que interfiera, como la televisión, la radio o el estéreo. Eso también evitará la estimulación excesiva y el estrés.
- Asegúrese de que el bebé tenga apoyada la cabeza y que ambos estén cómodos. Para ello puede usar una mecedora o una almohada. También puede poner al bebé en su posición favorita, en un portabebé "como canguro", para que usted tenga las manos libres.
- Al leer, use una voz melodiosa en "lenguaje materno". Haga variar el tiempo, las frases, los ritmos de la voz y el tono de las palabras.
- Lea en su idioma nativo.
- Mientras lee, bríndele amor, atención, mimos e intimidad; mírelo a los ojos.
- Comience a leer en cualquier página y no se preocupe en leer todas las palabras del libro. Puede inventar sus propios cuentos.
- Si tiene otros niños, lea lo que a ellos les guste mientras carga a su bebé.

- Recuerde que "la conversación" con los bebés ocurre en los tres primeros meses de vida cuando responden a la lectura con el movimiento de las manos o los pies, o con alguna otra señal de satisfacción. Después de leer un poco, dele tiempo al bebé para responder y luego siga leyendo.
- Alrededor de los 4 meses de vida puede empezar a ampliar la lectura, formulándole preguntas o incluyendo dramatizaciones y efectos de sonido.
- El interés del bebé variará entre uno y otro libro, así que no se preocupe si el pequeño no parece prestar mucha atención. Responda a las señales del bebé. Si parece estar irritado o desinteresado en el libro, trate de cambiar el tono de la voz o léale otro libro. Si estas nuevas estrategias no logran que el bebé participe, suspenda la lectura y haga otra actividad con el bebé.

IMPORTANTE PARA EL BEBÉ

Los chupetes impiden que los bebés balbuceen, lo cual es un paso importante para adquirir el lenguaje. Use los chupetes como último recurso tras haber probado otras estrategias para que el pequeño se calme solo. Recuerde que cantarle al bebé puede calmarlo a menudo.

Hable con el bebé durante las comidas, al cambiar los pañales y hacer otras actividades de rutina

Cuando usted coma, coloque al bebé cerca en la sillita de seguridad. Haga pausas durante su comida para hablarle al bebé; mencione su cuchara o los alimentos que usted come. Por ejemplo "esto es una tostada y tiene mermelada dulce". "Qué rico" o bien "esta es una cuchara y la uso para comer el postre". O también "papi está cortando el pavo y huele muy delicioso". Usted también puede hablar mientras le cambia los pañales. Puede decirle "te quito los zapatitos y aquí aparecen los deditos de tu pie. Esta es tu barriga. Ahora te quito este pañal que huele mal y te limpio la colita con esta toallita fría". Lo importante es hablarle al bebé como si entendiera todo lo que usted dice. Aunque el bebé no comprenda totalmente lo que usted dice, aprende mucho sobre el lenguaje en el tono de la voz, los sonidos y las expresiones en la cara de la mamá.

Describir acciones y nombrar objetos

Demuestre o imite los sonidos y las acciones del bebé: Déjese dirigir por el bebé

Cuando el bebé hace arrullos, imítelos para responderle.

Imitar los sonidos del bebé

Dejarse dirigir por el bebé significa que usted responderá a los intentos iniciales del pequeño para hablarle. Cuando el bebé hace arrullos, imítelos para responderle. Luego aguarde a que el bebé repita el sonido y vuelva usted a imitarlo. Es importante ese intercambio de arrullos, espera y más arrullos para ayudarle al bebé a aprender sobre el lenguaje y las interacciones sociales. Cuando usted imite los sonidos del bebé lo ayudará a comprender que obtendrá de usted una respuesta por los sonidos que él haga. En otras palabras, la conducta (los sonidos) del bebé pueden determinar la respuesta de mamá o papá. Así el bebé comienza a aprender que puede influir con sus sonidos en quienes lo rodean. Comenzará a comprender que puede hacer algo para que usted le responda y le encantará haber descubierto ese nuevo poder.

Cantarle al bebé refuerza su apego

Hacer que el bebé escuche música también influye poderosamente en el desarrollo cerebral del pequeño y parece estimular su creatividad. No recurra solamente a la música grabada; cántele frecuentemente al bebé o acompañe la música de un CD con su canto. Eso aumentará el sentido de satisfacción del bebé y la naturaleza repetitiva de las canciones le brindará una rutina predecible que lo hará sentirse seguro. Cuando llora o está irritable puede intentar cantarle una canción de cuna para calmarlo. Siga repitiendo la misma canción o el mismo verso y se sorprenderá al descubrir que el pequeño se calma y deja de llorar. ¡Usted también se sentirá más tranquila! Encontrará letras de canciones y versos tradicionales en un sitio web. Pero no se preocupe por decir correctamente todas las palabras. Logrará el mismo efecto si inventa sus canciones y palabras.

La experiencia de cantarle, compartir sus sentimientos con el bebé y aguardar a que le responda es parte del desarrollo cerebral que estimula el vínculo emocional y el apego entre padres e hijos. Cántele canciones de amor al bebé. La relación afectiva es algo que crece con el tiempo cuando el bebé siente y experimenta el amor de los padres y siente cuánto lo valoran.

IMPORTANTE PARA EL BEBÉ

El lenguaje que los bebés oyen en la televisión y los DVD no sustituye la interacción social directa. La investigación revela que la comunicación social es un ingrediente clave para ayudar a los bebés a aprender y estimular el desarrollo del lenguaje en el cerebro. De hecho, la mayoría de los expertos recomiendan que los niños menores de un año miren poco o nada de televisión. A esa edad, ni siquiera los videos educativos brindan verdaderos beneficios en el desarrollo del lenguaje. Además, su uso excesivo puede dificultar del desarrollo.

Canciones compartidas en familia

Invite a otros familiares para que también hablen con el bebé y le canten.

Usted puede invitar a otros familiares para que también hablen con el bebé y le canten. Por ejemplo, si están presentes otros niños o los abuelos, todos juntos pueden cantarle al bebé. Quizás pueda cantar la canción favorita de un hijo mayor o alguna canción que usted recuerde de su infancia y le haya gustado. Hable con su pareja u otros familiares sobre las canciones compartidas en familia de otra cultura que hayan pasado de una generación a la siguiente. Esas canciones pueden cantarse en el idioma de su cultura original. Ayudarán al bebé a distinguir entre sílabas y tonos de distintos idiomas y también desarrollarán en otros familiares el sentido de la importancia y el apego al nuevo bebé. Esa es la forma en que se transmiten las tradiciones y los gratos recuerdos en las familias.

Cante las canciones favoritas

En resumen . . .

Estimule al bebé con el lenguaje y las interacciones sociales con usted durante todo el día. Hágalo cantando, mencionando el nombre de objetos, colores y acciones que el bebé pueda ver o en lo cual parezca interesarse, hablando en "lenguaje materno", describiendo sus propios sentimientos y los del bebé mediante las interacciones y la lectura. Enseñe a otros familiares y amigos a hacer lo mismo, compartiendo con ellos las canciones, los cuentos o los versos favoritos del bebé, o las palabras que usted crea que el pequeño entiende. Diga frecuentemente el nombre del bebé. Al rodearlo con un lenguaje receptivo y dirigido al pequeño, usted fortalecerá el "cableado" para el desarrollo social y del lenguaje en el cerebro del bebé. Recuerde que el cerebro del bebé es algo sumamente moldeable y flexible, y que la etapa actual es esencial para asentar la arquitectura cerebral con sólidas conexiones del lenguaje.

Juegos y actividades musicales

La perspectiva de los padres

CÓMO ESTIMULO EL DESARROLLO DEL LENGUAJE EN MI BEBÉ

Le canto y le leo al bebé

- Estimulo al bebé con el lenguaje y las interacciones sociales durante todo el día; hablo en "lenguaje materno".
- Escucho al bebé e imito los sonidos que hace.
- Le canto al bebé.
- Observo lo que le interesa hacer al bebé y describo sus acciones; me dejo dirigir por el bebé.
- Nombro los objetos y los colores de los juguetes con que juega el bebé.
- Pongo al bebé en un sitio central de la casa para que él pueda ver la actividad de la familia y yo pueda hablarle.
- Le describo al bebé lo que hago. Describo mis propias acciones y rutinas, como así también lo que hace el bebé.
- Describo lo que veo, oigo y huelo en la casa o fuera de ella; uso palabras sencillas.
- Hago rituales divertidos con las cosas diarias, como el cambio de pañales, la comida y la hora de bañarse; le doy mucha conversación.
- Le digo al bebé que lo amo y comparto mis alegrías con él.
- Le sonrío al bebé y veo cómo me devuelve la sonrisa.
- Observo cuando el bebé está angustiado, insatisfecho, triste, feliz o curioso y le doy una palabra que describe sus emociones.
- Leo para el bebé. Mi bebé no entenderá el cuento pero la lectura lo ayudará a desarrollar el lenguaje y el pensamiento.

- Dedico un tiempo a mimarlo. Equilibro la estimulación con el silencio. Los besos suaves pueden hacerlo sentirse seguro y amado.
- Amo al bebé y le muestro mi alegría.
- Le doy respuestas predecibles.

Detalles para recordar:
HABLAR EN "LENGUAJE MATERNO"

- contacto cara a cara (a 12 pulgadas [30 cm] de la cara del bebé)
- voz musical y chillona
- ritmo lento
- frases cortas
- articulación clara
- repetitivo
- expresiones faciales exageradas (grandes sonrisas)
- vocales prolongadas (ooooh, sííííí)
- pausas más largas entre cada expresión verbal (aguardar la respuesta del bebé)
- elogios y comentarios positivos (¡así se hace!)
- hablar con un tono animado

HITOS IMPORTANTES EN EL DESARROLLO SOCIAL Y EMOCIONAL

1–6 MESES

Recuerde que su bebé se desarrollará a su propio ritmo. Tenga en cuenta estos hitos generales en el desarrollo.

Sonrisas y risas

- Mira la cara de los demás (1 mes)
- Sigue objetos con los ojos (1–2 meses)
- Balbucea; dice uuh, aah... (1–2 meses)
- Sonríe y ríe (1-2 meses)
- Descubre las manos (2 meses)
- Reconoce la cara de mamá o papá (3 meses)
- Chilla, balbucea y hace arrullos (3–4 meses)
- Sigue objetos con la vista (3 meses)
- Reconoce la voz de mamá o papá (3–4 meses)
- El bebé reconoce su propio nombre (5–6 meses)
- Hace arrullos cuando usted le habla (4 meses)
- Empieza a decir "baba" (5 meses)
- Está listo para comer alimentos sólidos (6 meses)
- Juega con sus manos y pies (5 meses)
- El bebé puede reconocer tonos felices, tristes o enojados en la voz de mamá o papá (6 meses)
- Le gusta el lenguaje conocido, las canciones, los versos, los saludos y los juegos repetidos (todos los meses)

- Puede reconocer algunas palabras aparte de su nombre ("ya está") (6 meses)
- Imita los sonidos (6 meses)
- Comienza a balbucear (5–6 meses)
- Se lleva objetos a la boca (6 meses)
- Comienza a sentir ansiedad por la separación (5–6 meses)

HITOS EN EL DESARROLLO FÍSICO

1–6 MESES

Coordinación manual y visual

- Levanta la cabeza (1 mes)
- Mira la cara de los demás (1 mes)
- Sigue objetos con los ojos (1–2 meses)
- Puede ver objetos en blanco y negro (1–2 meses)
- Mantiene levantada la cabeza (2–3 meses)
- Sigue objetos con la vista (3 meses)
- Mantiene firme la cabeza (3 meses)
- Puede rodar sobre la barriga yquedar de espaldas (4–5 meses)
- Puede sujetar un juguete (4–5 meses)
- Puede sostener su peso sobre los pies con el apoyo de adultos (4–5 meses)
- Está listo para comer alimentos sólidos (6 meses)
- Distingue los colores llamativos (5 meses)
- Rueda sobre la barriga en ambas direcciones (5–6 meses)
- Comienza a sentarse brevemente sin apoyo (5–6 meses)
- Puede reconocer algunas palabras aparte de su nombre (ej., "ya está") (6 meses)
- Mejora su coordinación manual y visual
- Jala objetos para atraerlos, empieza a juntar las manos y a transferir objetos
- Se lleva objetos a la boca (6 meses)
- La vista está totalmente desarrollada hacia los 6 meses
- Pasa objetos de una a otra mano (6–7 meses)

Los tres primeros meses
DIARIO DEL LENGUAJE DE MI BEBÉ

Escriba aquí las canciones, los versos y los cuentos favoritos de su bebé, como así también sus primeros sonidos e imitaciones.

Los tres primeros meses

DIARIO DE LAS SALIDAS DEL BEBÉ

Escriba aquí sobre las primeras salidas del bebé y sus primeros visitantes.

Los tres primeros meses

IMPRESIONES DE LAS MANOS Y LOS PIES DEL BEBÉ

Estampe aquí la impresión de una mano o un pie del bebé durante los tres primeros meses.

Los tres primeros meses
FOTOS DEL BEBÉ

Capítulo 3

Cómo brindar estimulación física, táctil y visual al bebé:

de 3 a 6 meses

Introducción

Además de estimularlo en el lenguaje para fomentar el desarrollo cerebral del bebé, también es importante brindarle estimulación física y táctil. ¿Sabía que si toca, masajea, ejercita, carga o envuelve al bebé en una manta, a menudo el pequeño se enfada menos, llora menos y aumenta de peso más rápidamente? El ejercicio físico estimula el desarrollo cerebral del bebé. Además, el contacto físico "piel con piel" también ayuda al bebé apegarse a usted y a sentirse cómodo y seguro.

Primero examinemos cuánto aprende el bebé sobre su propio desarrollo físico. Recuerde que en el primer mes o los dos primeros, el bebé hacía movimientos mayormente involuntarios como chupar o tomar con las manos. Los movimientos de

Cuerpo a cuerpo

brazos y piernas del bebé se coordinaban en respuesta a la velocidad y el ritmo que oía cuando usted le hablaba. Cuando quiso quedarse quieto comenzó a volver la cabeza a otro lado. Hacia los dos a cuatro meses, probablemente haya observado que el bebé trata de alcanzar con la mano los objetos que ve pero le falta coordinación para tomarlos. Si acuesta al bebé sobre la barriga, puede levantar la barbilla y el pecho; también comienza a jugar con las manos y a chuparse los dedos. Hacia los cuatro a ocho meses, el bebé puede sujetar las cosas que trata de alcanzar y ahora puede quedar sentado con apoyo. Quizás hasta pueda rodar por el piso hasta recoger un objeto. Recogerá las cosas con los dedos pulgar e índice y se las llevará a la boca. Advertencia: entre los ocho y doce meses, gatea, trepa y jala para pararse y rodear las esquinas.

En este capítulo hablaremos de cómo ejercitar físicamente al bebé, hacerle masajes, darle actividad aeróbica y estimularle la vista, todo lo cual servirá de apoyo no solamente para el fortalecimiento físico del pequeño sino también para el desarrollo de su cerebro a nivel social y emocional.

Cómo masajear al bebé

Se considera que el masaje fortalece el apego entre el bebé y los padres. Además, es posible que el masaje facilite el desarrollo de los sistemas digestivo y circulatorio del pequeño. Es fácil combinar un masaje para el bebé con la hora de bañarlo, cuando está ya desvestido, relajado y en el agua tibia. Puede masajearle todo el cuerpo con un poquito de aceite para masajes inmediatamente después de bañarlo. Sin embargo, no olvide usar un aceite para masajes que no tenga fragancia y que sea natural o comestible, como el aceite de almendra, de semilla de uva o de oliva. Evite los productos que dejan una película grasosa sobre la piel y tapan los poros. Evite también el aceite de cacahuate (maní) por si acaso el bebé es alérgico a eso. Si no tiene tiempo para darle un masaje completo, simplemente puede dedicar unos minutos a masajearle los pies o brazos al bebé en cualquier momento durante el día.

Mimos

Dedique unos minutos a masajearle los pies o brazos al bebé en cualquier momento durante el día.

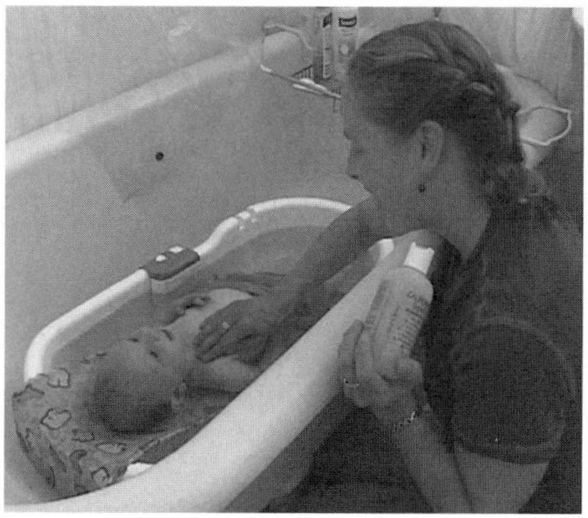

Cómo bañar al bebé

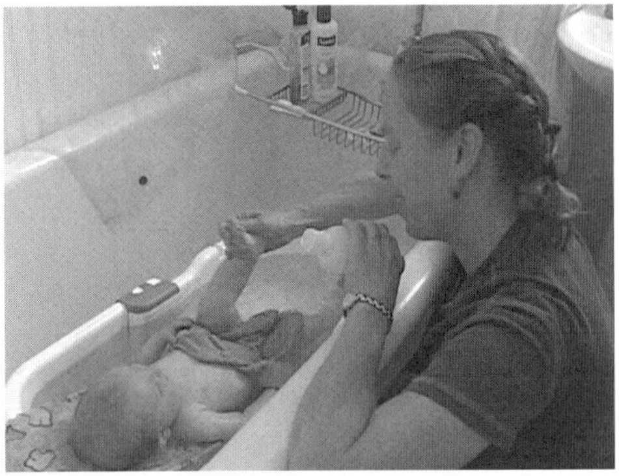

Cuando los bebés son pequeños puede usar cualquier cosa que sirva como bañera... ¡incluso una fuente grande para asar! Compruebe que el nivel del agua en la bañera no cubra los oídos del bebé cuando está acostado frente a usted. También es útil tener un paño adicional para cubrirle el cuerpo al bebé. Eso lo hace sentir protegido y seguro. No se apresure con el baño y recuerde controlar atentamente la temperatura del agua antes y de supervisar la temperatura de la piel del bebé para que no se enfríe. Durante ese tiempo del baño hable en "lenguaje materno" para describir las partes del cuerpo del bebé y sus emociones. Cántele canciones y recite versos para que el pequeño disfrute de ese tiempo.

IMPORTANTE PARA EL BEBÉ

Nunca deje a un bebé sin supervisión durante el baño, ni siquiera por un minuto. Prepare todo con anticipación. Cuando el bebé esté en la bañera, no conteste el teléfono ni corra a atender la puerta.

La actividad aeróbica del bebé

Estirar suavemente los brazos y las piernas del bebé puede ayudarlo a "desenroscarse" de la posición fetal y descubrir la existencia de sus miembros. Intente estirar suavemente los brazos del bebé—uno a la vez—por arriba de la cabeza del pequeño. Casi todos los bebés se divierten mucho al dar puntapiés o empujar los pies contra las manos de mamá, pues sienten las sensaciones del movimiento de su cuerpo. Naturalmente, combinar ejercicios con un juego divertido como el de las escondidas hará que todo sea más alegre para el bebé. Mírelo a los ojos, sonríale y diviértase jugando con el bebé. Eso lo hace sentir amado y, cuando aprenda a devolver una sonrisa, usted también se sentirá amada.

La actividad aeróbica del bebé

Jugar boca abajo, elevaciones de cabeza y pararse con ayuda

Jugar boca abajo permite que los bebés ejerciten el cuello y el pecho mientras tratan de mantener erguida la cabeza para mirarla a usted, mirar un juguete o elevar el pecho empujando con los brazos. Trate de colocar al bebé boca abajo con un libro blando por delante para que lo mire. O bien, coloque un objeto que el bebé desee, apenas a su alcance, para animarlo a que intente llegar y practicar sus destrezas para gatear más adelante. Antes compruebe que el bebé esté desarrollado para hacerlo porque, en caso contrario, se frustrará demasiado. La destreza de gatear es sumamente variable. Los bebés gatean de diversas maneras. Incluso algunos aprenden a caminar sin haber gateado antes.

Los ejercicios de sentarse o pararse con ayuda también fortalecen el control del cuello en el bebé. Para hacerlo, usted jala suavemente de los brazos del pequeño; eso lo obligará a usar los músculos que controlan la cabeza. Esta experiencia también contribuye a que su bebé se sienta confiado y resguardado con usted porque le brinda un apoyo seguro. Recuerde seguir hablándole en "lenguaje materno" durante esos ejercicios.

Recuerde seguir hablándole en "lenguaje materno" durante esos ejercicios.

Tiempo de caminar y lecciones de bicicleta

Conciencia del cuerpo

A los bebés les encanta experimentar la alegría de caminar. Para hacerlo, por detrás del bebé, sujételo firmemente por debajo de los brazos y con la cara hacia el frente; luego ayúdelo lentamente a caminar. También puede hacerlo si lo para sobre su regazo frente a usted. Al pequeño le encantará la sensación de sostenerse sobre las piernas. Probablemente usted sienta que sus piernitas empujan las suyas. Luego usted puede expresarle la alegría de que el pequeño haya descubierto sus piernas y haya intentado caminar. También puede ayudar a que el bebé desarrolle los músculos de sus piernas. Para ello, acuéstelo de espaldas y muévale las piernas en círculos, como pedaleando una bicicleta. Esa clase de ejercicio ayuda al bebé a tomar conciencia de su diminuto cuerpo.

Al pequeño le encantará la sensación de sostenerse sobre las piernas.

Mantenerse sentado para explorar

Informe a los demás miembros de la guardería sobre los ejercicios y los juegos de los que su bebé disfruta.

A los seis meses de edad, los bebés pueden explorar en forma física y sistemática un objeto nuevo con cada sentido que pueden controlar. ¡Naturalmente, eso incluye la boca y el gusto! Trate de mantener al bebé sentado con algún apoyo y deje algunas sonajas y juguetes pequeños delante del pequeño para que los explore.

Informe a los demás familiares, miembros de la guardería diurna y niñeras sobre los ejercicios y los juegos de los que su bebé disfruta. Incluso puede pedirles que escriban alguna reflexión sobre las actividades favoritas del bebé en su diario de estimulación. Eso los ayudará a desarrollar su apego y a reconocer la importancia de la relación de ellos con el bebé. También será una experiencia entretenida y tranquilizante para el bebé, y además mejorará la manera en que otros disfrutan de su tiempo con el pequeño.

IMPORTANTE PARA EL BEBÉ

No ponga al bebé frente a la televisión ni le muestre DVD con contenido de lenguaje. Esa estructura ruidosa, rápida e intermitente no es igual a la verdadera interacción social y, además, puede perjudicar el desarrollo cerebral del bebé y su capacidad de atención. Las respuestas faciales de mamá o papá a las interacciones del bebé son la mejor manera de reforzar la arquitectura cerebral del bebé y de que este aprenda. Recuerde que el aprendizaje humano se basa principalmente en las interacciones humanas.

Cómo brindarle estimulación visual

Cómo brindarle estimulación visual

Hasta aquí hemos hablado sobre la importancia de la estimulación auditiva, física y táctil. La estimulación visual también influye en el desarrollo cerebral del bebé. Durante los 3 primeros meses los bebés observan todo lo que los rodea—en especial a su mamá—y absorben todos los aspectos de los objetos que están a 12 pulgadas (30 cm) de su cara. Entre los 3 y 6 meses continúan fascinados por ese estímulo, principalmente al experimentar relaciones ocasionales en la interacción física que acaban de descubrir con objetos o personas. Por ejemplo, cuando usted acuesta al bebé de espaldas en el piso, una cuna o un gimnasio para bebés con un objeto móvil que cuelgue sobre la cabeza del pequeño, observe cómo el bebé mira y explora el objeto. A los bebés les encanta examinar cómo su fuerza física afecta el objeto al pegarle con rapidez o darle puntapiés. Es posible que se aburra con la actividad pasiva de observar un móvil en actividad, pero no se aburrirá con la sensación de su propio poder físico y cómo las acciones de su cuerpo afectan el objeto. Después de un rato, puede que el bebé apenas mire el móvil, pero seguirá disfrutando por largo tiempo la experiencia de dar puntapiés. Esto significa que los bebés no necesitan estimulación constante. A veces disfrutan de pasar un tiempo en privado, explorando por sí mismos y entreteniéndose solos. Recuerde que, cuando un bebé mira con atención los dedos de la mano o el pie, está explorando y procurando entender cómo funcionan. Sin embargo, es importante no dejar desatendido al bebé y ofrecerle una abundancia de juegos con mamá o papá, como así también mimos y estimulación física.

Contacto cara a cara y piel con piel

¡Saque la lengua y vea si el pequeño hace lo mismo!

El tiempo "cara a cara" puede ser el juguete más valioso que usted tiene, incluso más valioso que juguetes o móviles elaborados o costosos. Desde los primeros momentos de su vida, los bebés de preocupan por contemplar las caras y los movimientos de sus padres. Al hacerlo, los pequeños procesan información emocional y aprenden sobre cómo sus propias acciones afectan la respuesta de mamá o papá. Al observar las expresiones faciales de su padres e imitarlas, también aprenden sobre sus propios sentimientos. Sople sobre la cara del bebé para ver cómo reacciones. Luego sonría, ría y aguarde para ver de qué manera le responde. ¡Saque la lengua y vea si el pequeño hace lo mismo! Permita que el bebé procure llegar hasta usted y le toque la cara. Ponga su cara junto a la del bebé. Este contacto "cara a cara" y esa danza recíproca contribuyen a que el bebé se sienta seguro. Además, también puede ser una experiencia reconfortante para usted también.

Acciones cariñosas... tierno afecto

Estimulación táctil: mecer, masajear, envolverlo en una manta

Cárguelo con un portabebé

A menudo el lugar favorito de un bebé es precisamente contra el pecho de mamá o papá. Puede cargarlo sobre su pecho con un portabebé "como canguro" o algo similar. Aparentemente el movimiento del cuerpo y los latidos del corazón de quien lo carga contribuye a que el bebé se sienta seguro. ¿Sabía que la investigación ha sugerido que los bebés que pasan más de tres horas diarias cargados lloran menos?

IMPORTANTE PARA EL BEBÉ

Un bebé menor de seis meses todavía no puede gatear. Así que puede ponerlo sobre un tapete o gimnasio para bebés en el piso mientras usted toma un breve descanso. No deje al bebé sin supervisión en el piso, ni siquiera por unos minutos, si hay cerca otros pequeños o animales domésticos. Nunca deje solo a un pequeño en el piso por más de uno o dos minutos. Manténgase siempre cerca para supervisarlo. Nunca se sabe cuál será el primer día en que el bebé ruede sobre su barriga o aprenda a arrastrarse.

IMPORTANTE PARA EL BEBÉ

No se recomienda usar un caminador del tipo que suspende al bebé sobre el piso para que pueda mover los pies y desplazarse de un lado a otro, porque puede moverse más de lo que le permite su desarrollo. Probablemente los pequeños que puedan sostener bien su pecho disfruten de un ejercitador estacionario que será mucho más seguro.

IMPORTANTE PARA EL BEBÉ

Si tiene una silla saltarina, no la ponga sobre una mesa ni otro lugar elevado porque los movimientos del bebé podrían hacerla caer al piso.

La combinación óptima de lecturas

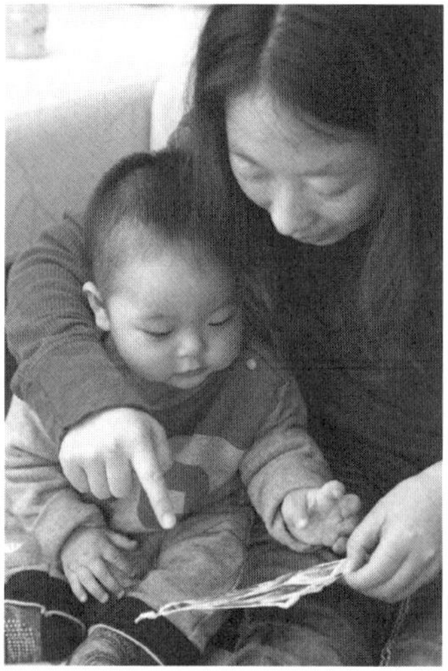

Ha descubierto lo que le encanta leer al bebé? Aunque el bebé no comprenda los cuentos que usted lee, le encantará mirar las ilustraciones y escuchar su voz. Además, hemos descubierto que oír más palabras lo ayudará a adquirir un vocabulario más amplio en el futuro. Mientras el bebé escucha la lectura se le forman muchas conexiones emocionales en el cerebro. Eso se debe a que leer para los bebés les brinda una combinación de estimulación visual y del lenguaje, como así también respuestas emocionales y contacto físico. Ciertas investigaciones sugieren que los bebés y los pequeños a quienes les leen cuentos a diario podrán concentrar su atención por más tiempo. Cuando los padres leen en voz alta para los bebés, repiten palabras y frases, describen las ilustraciones y hablan de ellas. De hecho, los bebés pueden concentrarse intensamente, más que otros niños de mayor edad, quizás porque se enfocan tanto en el aprendizaje por observación. ¡Si aplica los métodos de voz "en lenguaje materno", atraerá la atención del bebé por 15 minutos o más! Leer en voz alta es una de las actividades más fáciles y relajante que pueden hacer los padres por el bebé. Fomenta una sensación de compañía física o vínculo afectivo y también estimula el desarrollo del lenguaje en el bebé. Recuerde que, incluso en la primera infancia, la capacidad de atención es un fenómeno individual. Su bebé puede tener capacidad de atención por más o menos tiempo que otros. No se preocupe. En lugar de ello, responda a las señales del bebé. Si el pequeño se cansa después de 5 minutos de lectura, siga la iniciativa del bebé y vea en qué está interesado. Podrá volver a la lectura más tarde cuando el niño haya descansado. O bien, tal vez observe que el bebé mira el libro por aproximadamente un minuto, luego mira otra cosa que le llama la atención y después vuelve a las ilustraciones del libro. Así que establezca el ritmo de la lectura y ajústela a la capacidad intermitente de atención del pequeño.

Leer para los bebés les brinda una combinación de estimulación visual y del lenguaje, como así también respuestas emocionales y contacto físico.

Los juegos del bebé

Las cosquillas en la barriga, las canciones tontas, soplar burbujas, sacar la lengua, elevar al bebé bien alto y jugar a las escondidas son algunas de las interminables maneras en que los padres pueden conectarse con sus bebés. Esa divertida estimulación es mucho más que diversión. Es la manera en que los pequeños aprenden de sí mismos, de otros y de su relación con usted. Divertirse jugando con el bebé y decirle que lo ama lo ayuda a sentirse atendido y fortalece su vínculo con usted. El bebé comprende las expresiones de ternura y cariño que usted manifiesta en la cara. A medida que se desarrollen los músculos faciales del bebé, usted pronto descubrirá que él copia sus expresiones faciales y sonidos, y un día recibirá una gran sonrisa. Esas divertidas rutinas de juego repetidas una y otra vez contribuyen a que el bebé se sienta seguro y amado, y estimularán su sentido de confianza y alegría en el mundo que lo rodea.

Actividades divertidas

Juego con títeres

Aplique tonos y expresiones divertidas y creativas, dependiendo de que el títere sea un cerdo, un oso o un pájaro plumoso.

Usar pequeños y suaves títeres de mano (con boca que se mueve) es un medio efectivo de brindar estimulación visual y del lenguaje, como también de sentir algo diferente al tacto y experimentar interacciones divertidas con el bebé. Observe la reacción del bebé cuando usted usa un títere de mano con él. Usted aplicará automáticamente tonos y expresiones divertidas y creativas, dependiendo de que el títere sea un cerdo, un oso o un pájaro plumoso. Pronto será motivo de risas y balbuceos cuando su títere bese al bebé y este descubra asombrado cómo el títere responde a sus reacciones.

Levante al bebé en lo alto

La vista que los bebés tienen del mundo suele partir de la cuna, la silla saltarina o el piso. Levante al bebé en lo alto para que pueda ver cosas elevadas, como cuadros en la pared u hojas en un árbol. Serán sensacionales descubrimientos para el bebé.

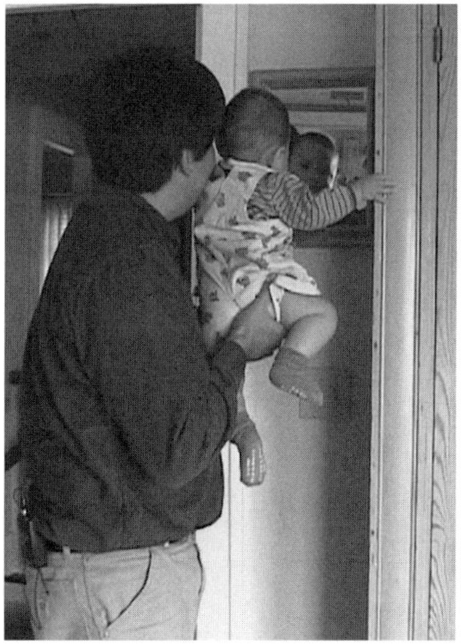

"Espejito mágico, espejito de oro"...

Permitirle que se mire en el espejo será algo fascinante para él, aunque no reconocerá que esa cara es la propia.

Los bebés reconocen las caras. Permitirle que se mire en el espejo será algo fascinante para él, aunque no reconocerá que esa cara es la propia hasta que tenga 12–15 meses de edad. Repetir frecuentemente el nombre del bebé cuando usted habla con él o acerca de él ayudará al pequeño a descubrirse como un ser único e individual.

Jugar con sonajas

A los bebés les encantan las sonajas, especialmente las que son pequeñas y suficientemente livianas como para sujetarlas y hacer ruido. Muéstrele una sonaja al bebé, permítale tomarla, tocarla y llevársela a la boca. Hable en "lenguaje materno" con el bebé mientras lo hace y exprésele alegría en su curiosidad y descubrimientos. Prepárese para viajar. Aliste una bolsa de juguetes que pueda llevar con usted en el automóvil o cuando vaya de visita a otra parte. Cambie periódicamente el tipo de juguetes y así estará preparada para cuando el bebé necesite una distracción. Eso estimulará la curiosidad del bebé por su ambiente.

Prepárese para viajar. Aliste una bolsa de juguetes que pueda llevar con usted en el automóvil o cuando vaya de visita a otra parte.

La participación de los hermanos en el juego del bebé

Deje que su hijo mayor dirija el juego, mientras usted elogia las destrezas que aplica en la actividad y la atención que le brinda a su nuevo hermanito o hermanita.

Involucrar a hermanos o hermanas en los juegos con el nuevo bebé es un medio útil de que el pequeño establezca vínculos con toda la familia. Usted puede mostrarle a un hijo mayor cómo jugaba a sus juegos favoritos de bebé, o puede enseñarle canciones que le gustaban cuando era bebé. O bien puede darle un suave títere de mano a su hijo mayor para que juegue con el bebé. Pueden comenzar jugando todos juntos y luego usted podrá apartarse gradualmente para que su hijo mayor dirija el juego, mientras usted elogia las destrezas que aplica en la actividad y la atención que le brinda a su nuevo hermanito o hermanita.

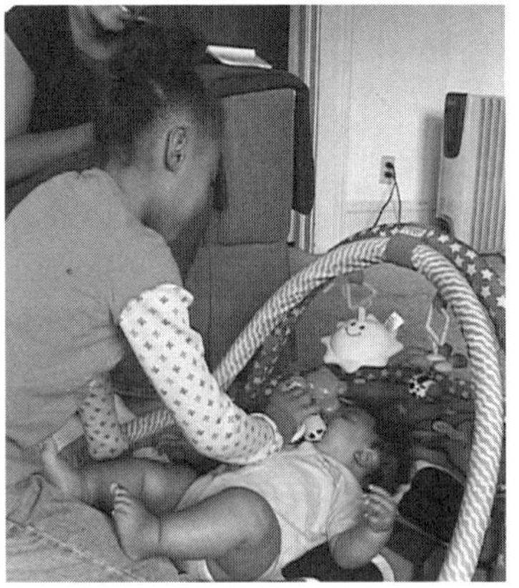

En resumen . . .

Brindar estimulación física, táctil, auditiva y visual al bebé es tan importante para fortalecer las conexiones de las neuronas en su cerebro como es amamantarlo, alimentarlo con fórmula o cambiarle los pañales. La estimulación es esencial para el desarrollo del cerebro. Sin ella, los bebés no crecerán, no aumentarán de peso ni alcanzarán los hitos normales en el desarrollo físico y emocional. Es clave comprender el estado interno y las señales del bebé, y también descubrir la cantidad adecuada de estimulación ambiental –no demasiada como para que el pequeño se sienta abrumado y alterado, ni tan poca como para que se interrumpa el desarrollo.

La perspectiva de los padres

CÓMO BRINDARLE ESTIMULACIÓN FÍSICA, VISUAL Y TÁCTIL PARA INCENTIVAR EL DESARROLLO CEREBRAL DEL BEBÉ

- Estimulo al bebé con el lenguaje durante todo el día; hablo en "lenguaje materno"
- Le brindo estimulación visual y táctil: sonajas, móviles, juguetes con textura y colores y sonidos
- Hago que se ejercite físicamente: jugar boca abajo, hacer la bicicleta, estiramientos suaves, masajes, pararse con ayuda y movimientos de caminata
- Le doy un masaje a mi bebé
- Cuando mi bebé está molesto siempre le brindo consuelo
- Me divierto a menudo con mi bebé, por ejemplo, jugando a las escondidas
- Le canto al bebé
- Modifico la cantidad de estimulación que recibe el bebé
- Lo cargo junto a mi cuerpo con un portabebé "como canguro" para que pueda ver el mundo desde un lugar más alto y sienta el ritmo de mis movimientos y los latidos de mi corazón
- Cargo al bebé y lo elevo en lo alto
- Miramos libros juntos y hablamos de las ilustraciones
- Dejo que el bebé mire en el espejo

- Le digo al bebé que lo amo y comparto mis alegrías con él
- A los cuatro meses de vida comienzo a estructurar gradualmente el día del bebé con rutinas regulares para comer, cambiar los pañales y acostarse
- Le digo al bebé que es muy especial para mí
- Toco al bebé de manera cariñosa
- Le brindo oportunidades para explorar (gimnasio para bebés en el piso)
- Permito que otros familiares participen en juegos y ejercicios físicos
- A las niñeras les digo cuáles ejercicios le gustan al bebé y qué cosas le interesan

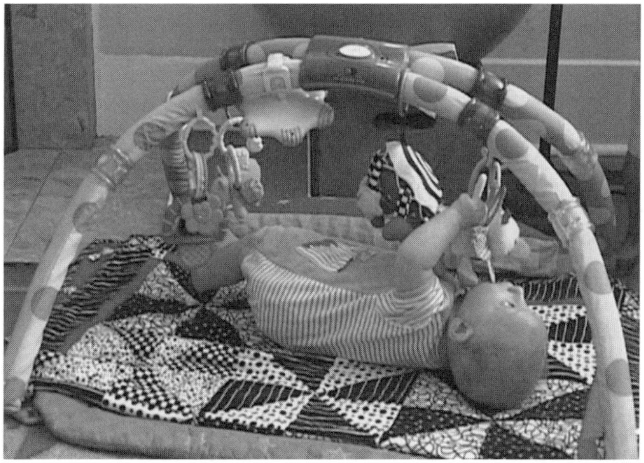

Detalles para recordar

LEER CON EL BEBÉ

- Lea con el bebé en algún momento tranquilo, cuando usted se sienta relajada y cómoda. Apague la televisión y la música (para no estimularlo demasiado).
- Cuando lea con el bebé, cárguelo y mímelo.
- Cada día lea con el bebé durante unos minutos cuando el pequeño esté en alerta y ya haya comido.
- Si tiene otros niños, lea lo que a ellos les guste mientras carga a su bebé o lo amamanta.
- Señale las ilustraciones en el libro; hable de ellas o invente su propio cuento.
- Al leer hable en "lenguaje materno": cara a cara, con una voz musical, chillona y más lenta.
- Los bebés de 2–6 meses se interesan en libros con versos y canciones, con ilustraciones llamativas o en blanco y negro. Use libros de tela que el pequeño pueda tocar y saborear.
- Los bebés de 6–9 meses se interesan en libros que estimulan los sentidos como los libros "para leer, tocar y sentir", los de cartón, los de tela, los de morder, los de rutinas diarias, tales como bañarse, comer, dormir y los libros que describen objetos y partes del cuerpo.
- Los bebés de 9–12 meses se interesan en libros que incentivan a los niños a participar en el cuento y repetir palabras. (El bebé no podrá hablar todavía pero se interesará en los patrones del cuento.) También se interesan en libros que describen objetos y partes del cuerpo, como así también libros que

ilustran palabras de acción, tales como caminar y correr, y libros con aletas o que hacen ruidos. Esta es una buena etapa para incorporar libros a las rutinas de su hijo para la siesta y acostarse por la noche.

- Recuerde que varía la capacidad de atención de los pequeños en un libro. Algunos prestan atención de 10 a 15 minutos, y tal vez otros se aburran en pocos minutos. No se preocupe si su bebé no demuestra interés al principio. Léale durante unos minutos y luego siga la iniciativa del pequeño hacia otra actividad. Vuelva a leerle una y otra vez. Gradualmente aumentará la capacidad de atención del pequeño. Varias ocasiones cortas de lectura son tan beneficiosas como una más larga.

Detalles para recordar

LA SEGURIDAD DEL BEBÉ DURANTE SUS BAÑOS

- Nunca deje al bebé sin supervisión, ni siquiera por un minuto
- Los pequeños pueden ahogarse en muy poca agua
- Recoja anticipadamente todo lo que necesitará (jabón, paño, pañal, toalla, etc.)
- Compruebe que esté tibio el cuarto de baño
- Desconecte el teléfono y no atienda la puerta cuando el bebé esté en la bañera
- Use una bañera especial hasta que el bebé pueda sentarse bien sin apoyo
- Cuando el bebé pueda sentarse sin ayuda, use un tapete antideslizante de caucho si lo bañará en una bañera común
- Ponga una cubierta acojinada en el grifo para que el bebé no se golpee la cabeza
- No ponga al bebé en la bañera cuando todavía sale agua por el grifo
- Compruebe que el agua del baño esté tibia pero no demasiado caliente; por lo general, los bebés prefieren el agua más fría en comparación con los adultos
- Para el bebé, llene la bañera con apenas 2–3 pulgadas (5–8 cm) de agua
- Aplique poca cantidad de jabón y champú, y si lo hace jugar en el agua, aplique el jabón al final
- Que el tiempo de bañarse sea divertido

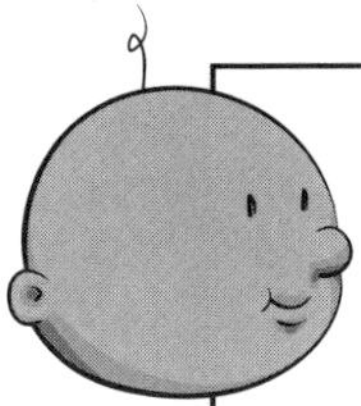

DIARIO DE ESTIMULACIÓN DE MI BEBÉ

3-6 meses

Lleve aquí la cuenta de las actividades que le gustan al bebé, como mirar un móvil, que le masajeen la espalda, escuchar música o que lo envuelvan en una manta. Observe cómo responde el bebé a usted y a otros familiares o amigos cuando hablan y se relacionan con él.

Juguetes favoritos

Su lugar favorito para masajearlo o acariciarlo

Su posición favorita cuando lo cargo

Su ejercicio favorito (bicicleta, caminar, pararse con ayuda, hacer lagartijas, jugar boca abajo, estar sentado)

Reacción a la hora de bañarse

Canción favorita

Juego favoritoe

Estimulación visual favorita

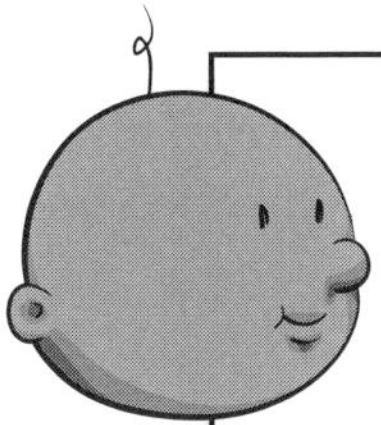

La perspectiva del bebé

COSAS QUE PUEDO HACER (3–6 meses)

Actividad	Fecha	Observaciones/Comentarios
Puedo sentarme brevemente sin ayuda		
Balbuceo, chillo y digo "uh" y "ah"		
Sonrío y me río		
Me descubrí las manos		
Sigo objetos con los ojos		
Puedo mantener firme la cabeza		

La perspectiva del bebé

COSAS QUE PUEDO HACER (3–6 meses)

Actividad	Fecha	Observaciones/Comentarios
Puedo reconocer la voz de mamá o papá		
Reconozco mi nombre		
Puedo decir "baba"		
He comenzado a probar alimentos sólidos		
Me descubrí los pies		
Cuando estás contenta, yo también lo estoy		

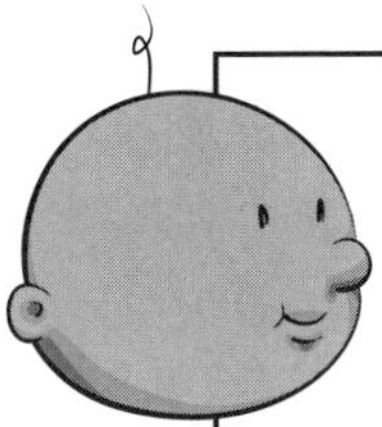

La perspectiva del bebé

COSAS QUE PUEDO HACER (3–6 meses)

Actividad	Fecha	Observaciones/Comentarios
Me encanta que me canten		
Imito sonidos		
Me doy cuenta de cuando me cuida otra persona		
Me encanta explorar con la boca		
Me encanta que me lean		
Tengo un juguete favorito		

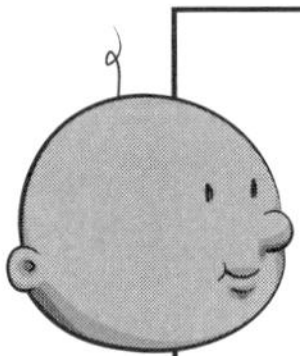

3-6 meses

DIARIO DE DESCUBRIMIENTOS Y RISAS DEL BEBÉ

Escriba aquí lo que su bebé descubre, oye o lo hace reír.

3-6 meses

IMPRESIONES DE LAS MANOS Y LOS PIES DEL BEBÉ

3-6 meses

CONSERVE AQUÍ UN RIZO DEL CABELLO DEL BEBÉ

3-6 meses

FOTOS DEL BEBÉ

Capítulo 4

Aprendamos a leer el pensamiento de los bebés como padres:

de 3 a 6 meses

Introducción

Durante los seis primeros meses de la vida de un bebé, los padres y los pequeños protagonizan una especia de danza recíproca... algo como el tango. Eso implica que los padres aprenden a brindarle al bebé estimulación auditiva, táctil, verbal y visual, y que también comprenden y ajustan sus pasos para sintonizarse con las condiciones internas, el temperamento y las emociones del pequeño. Los padres logran eso al observar e interpretar las respuestas emocionales y sociales del bebé a la estimulación que recibe en su ambiente. Tanto los bebés como sus padres aprenden al observarse, interactuar e imitarse unos a otros. Se trata de una danza "que va y viene". El bebé necesita que sus padres respondan a las señales o los indicios internos que

La recíproca danza del tango

hace aquel. Los padres tienen que aprender a interpretar el llanto o las reacciones del bebé para comprender si tiene hambre, está cansado, aburrido o estimulado en exceso. Dicha comprensión ayuda a los padres a decidir si el bebé necesita calmarse y ser mimado, más o menos estimulación, una sonrisa o una canción, un cambio de pañales, ser alimentado o dormir. A medida de que los padres aprenden los pasos de la danza interpretando las señales del bebé, las respuestas que le brinden en forma predecible aumentarán la sensación de seguridad del bebé. Los padres también sentirán una mayor sensación de apego y satisfacción en su relación con el pequeño, como así también confianza en el ritmo con que le brindan cuidados. Dicho proceso recíproco fortalece el circuito o las conexiones emocionales y sociales en el cerebro del bebé para que aprenda a confiar y sentirse seguro en su ambiente. Esto es el comienzo de mutua comprensión y apego entre los padres y sus hijos. Es un proceso y "una danza" donde, con el paso del tiempo, se volverán más seguros.

A medida de que los padres aprenden los pasos de la danza interpretando las señales del bebé, las respuestas que le brinden en forma predecible aumentarán la sensación de seguridad del bebé.

Leer el pensamiento del bebé nos ayuda a aprender sus rutinas

El bebé no puede hablar en el idioma de mamá o papá para decir lo que desea o siente. Por eso necesita que "le lean la mente" al observar sus acciones, su estado de ánimo y el escuchar las características de su llanto. Por ejemplo, tal vez usted crea que al bebé le molestan las encías cuando le está por salir el primer diente porque insiste en morder una sonaja en particular. Así que le da esta sonaja cuando parece estar molesto o prueba aplicarle hielo en las encías. O quizás observe que al bebé le interesa un color en particular, que se calma cuando le masajean la espalda o los pies, o cuando oye una canción en particular. Usted aprende sobre el temperamento exclusivo del pequeño como así también lo que le gusta y lo que le disgusta. Comprende que a veces él necesita tiempo para explorar un juguete sin ayuda y está satisfecho con hacerlo solo, mientras que en otras ocasiones necesita una nueva estimulación o actividad con mamá o papá. Por ejemplo, si observa que se siente molesto boca abajo, puede sentarlo y mantenerlo con apoyo para ver si así se siente mejor. O tal vez compruebe si el pequeño desea caminar o empujar su propio peso con las piernas. Al hacerlo, también puede hacerle comentarios en su "lenguaje materno" descriptivo para relatar las acciones del bebé y lo que usted entiende que busca o siente. Por ejemplo, podría decirle "Parece que estás cansado de estar boca abajo. Es molesto no poder elevarse lo suficiente. Vamos a sentarte. Ahora puedes ver el mundo. Estás mirando el osito. El pelo de ese osito se siente suave y hace cosquillas". Eso estimula el desarrollo del lenguaje

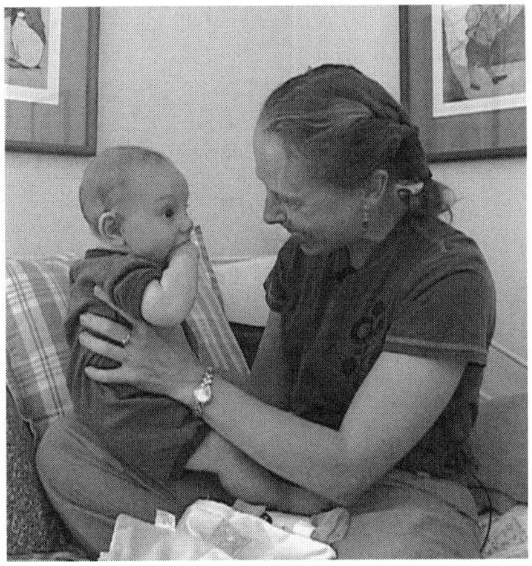

Cuando hable con el bebé, lo cambie de posición o le dé nueva estimulación, aguarde, obsérvelo y dele tiempo para responder o explorar antes de hacer otro cambio.

en el bebé y también lo ayuda a saber que usted trata de leerle la mente y comprender sus intenciones e intereses. También es importante el ritmo de sus interacciones y respuestas. Cuando hable con el bebé, lo cambie de posición o le dé nueva estimulación, aguarde, obsérvelo y dele tiempo para responder o explorar antes de volver a hablar o hacer otro cambio. Observar las señales del bebé y experimentar con las posibilidades le ayudará a comprender las necesidades que expresa el pequeño. La danza tiene que ser flexible.

Comprenda las señales que le da el bebé

Para los bebés es muy fácil sentirse estimulados en exceso si hay mucha actividad o sentirse aburridos si no hay suficiente actividad. Por ejemplo, si en su casa hay mucha actividad, niños, ruido y otros familiares que juegan con el bebé, es posible que el pequeño se sienta molesto o demasiado estimulado. Por eso es importante observar las señales del bebé sobre cuánta estimulación puede tolerar. Eso le permitirá moderar o limitar la cantidad de estimulación que recibe el bebé, preferentemente antes de que se sienta abrumado. Por otra parte, tal vez el bebé llore porque hay demasiada actividad en la casa y nadie le presta atención. En ese caso, el berrinche es una señal de que se siente solo y necesita más atención personal o estimulación.

La supervisión de los bebés

Cómo calmar al bebé: mimar y acurrucarse

Mimos

Antes de los seis meses de edad, los bebés necesitan la ayuda de los padres para poder regular sus emociones o calmarse. Más adelante durante el primer año de vida, adquirirán cierta capacidad básica para calmarse solos con un chupete o los dedos, para rechazar la estimulación excesiva o procurar estimulación de otros a su alrededor. Poner al bebé en posición vertical, en pleno contacto con su cuerpo, y mecerlo mientras le habla en voz calma lo ayudará a serenarse. Para tranquilizarse, algunos bebés prefieren ser envueltos en una manta o ser cargados con un portabebé "como canguro". Las respuestas predecibles con movimientos físicos, canciones y voces conocidas y rítmicas ayudarán al pequeño a calmarse, a sentirse seguro y a regular solo sus emociones.

Rutinas predecibles

Cómo lidiar con el llanto y mantener la calma

Es la última hora de la tarde y su bebé de tres meses ha llorado por 10 minutos. Usted le revisa los pañales para comprobar que estén secos, lo ha alimentado y sabe que no está enfermo, ni tiene frío o calor. Ha procurado brindarle diferentes juguetes infructuosamente, y sus intentos por calmarlo con mimos, canciones y meciéndolo no han logrado que deje de llorar. Usted comienza a sentirse ansiosa, enojada o frustrada porque nada parece ser útil. Usted se preocupa por sus destrezas de crianza. Todos esos sentimientos son normales. De hecho, los padres están programados biológicamente para responder al llanto, especialmente cuando llora su propio bebé. No es sorprendente, entonces, que el llanto le produzca ansiedad, preocupación e incluso, a veces, enojo. ¡Todo eso es parte de la misma emoción por no haber podido calmar al bebé! Ya es tiempo de tomarse un descanso para cuidarse usted misma. De lo contrario, el bebé sentirá su estrés y las preocupaciones de mamá aumentarán la alteración o la angustia del pequeño. Aquí encontrará algunos pasos para tranquilizarse:

Los padres están programados biológicamente para responder al llanto, especialmente cuando llora su propio bebé.

- Poner música tranquila para distraerse.
- Poner al bebé en un lugar seguro y dejarlo llorar por algunos minutos (siga supervisándolo).
- Respirar profundamente.
- Recordarse que al bebé no le pasa nada malo: el pequeño se descarga llorando y así es cómo se organiza; es una conducta normal.
- Recordarse que "pronto dejará de llorar y en pocos meses no tendrá tantos berrinches".
- Dígase "puedo lidiar con esto".

Mantenga la calma, tenga paciencia y relájese

- Imagine un lugar donde se siente tranquila y libre de estrés.
- No sacuda al bebé para descargar en él su frustración.
- Si usted no puede calmarse sola, llame a alguien para tomar un descanso.
- Organice una red de apoyo con otros adultos que crían bebés para compartir experiencias.
- Encuentre un motivo para reírse. Siéntase orgullosa de los poderosos pulmones de su bebé.
- Busque la videocámara y grave unos minutos de llanto. Algún día, usted y su hijo se reirán porque era tan ruidoso.

Recuerde que el bebé no sufrirá un trauma si usted no responde cada vez que él llora, especialmente cuando usted saber que no tiene hambre, los pañales están secos, ha sido mimado y está protegido. Tal vez solamente esté cansado y necesite dormir. En el contexto de una relación sensible y saludable entre los padres y el bebé, es bueno que lo pequeños lloren un poco. Puede que el llanto le sirva para descargar su estrés durante los primeros meses. Después de los cuatro meses de vida, los bebés que tienen la oportunidad de llorar y calmarse solos aprenderán a hacerlo como parte de un proceso de regulación de las emociones que durará toda la vida. Puede comenzar a observar si el bebé puede dormirse solo cuando tiene sueño. Durante estos meses, preste atención a todo esfuerzo que haga el bebé para calmarse solo.

IMPORTANTE PARA EL BEBÉ

Haga algo especial para usted.

El cuidado de un bebé requiere mucho esfuerzo, es agotador y nunca se termina.

Es importante planear un tiempo agradable y de descanso para usted.

Cómo ayudar al bebé a confiar en el mundo

Regularidad o uniformidad de las respuestas

Cuando los bebés lloran, hacen arrullos, coquetean o vuelven la cara a un lado están diciéndole que están contentos o incómodos, hambrientos o cansados, o que necesitan más o menos estimulación. Cuando usted responde de maneras predecibles y con rutinas regulares, el bebé aprende a confiar en su ambiente. Sabe que alguien siempre estará a su disposición para protegerlo. Por el contrario, si el bebé no obtiene esas respuestas uniformes de sus padres, aprenderá que el mundo es impredecible, por lo cual se sentirá ansioso o temeroso y reacio para confiar en otros.

Hay muchas maneras de brindarle interacciones predecibles al bebé. En primer lugar, cuando el bebé llora, usted responde y determina si hay algo que puede hacer para que el pequeño se sienta mejor. Le revisa los pañales, lo alimenta cuando tiene hambre, le quita la manta si tiene calor y le ofrece consuelo o estimulación. En segundo lugar, usted juega regularmente con el bebé, lo mira, lo llama por su nombre y responde –con alegría y entusiasmo– a sus sonrisas y arrullos. Usted imita sus ruidos y luego observa y espera para ver lo que hará el bebé. Usted le responde con alegría continúa bailando ese tango de "ida y vuelta". En tercer lugar, usted repite versos y canciones regularmente, a menudo lee para el bebé y le expresa la alegría que siente por él. En cuarto lugar, usted ha establecido rutinas predecibles para la hora de bañarse, comer, cambiar pañales y salir a caminar. Por ejemplo, cuando sea posible, siéntese en el mismo lugar o la

Cuando sea posible, siéntese en el mismo lugar o la misma silla para alimentarlo, traiga la manta o un juguete favorito del bebé y relájese usted también.

Regularidad o uniformidad de las respuestas

misma silla para alimentarlo, traiga la manta o un juguete favorito del bebé y relájese usted también. De igual manera, trate de seguir rutinas conocidas para bañar y cambiarle los pañales al pequeño, quizás junto con una canción o un juego especial. Si tiene todo organizado y preparado a mano, le será más fácil relajarse y concentrarse en el bebé durante esas actividades.

Rutinas para la siesta y acostarse

Hábitos regulares de alimentación

En los 4 primeros meses de vida, muchos bebés tendrán horarios impredecibles para dormir. Esto es normal. Su sueño nocturno se interrumpirá por su necesidad de alimentación, por lo general cada 2-3 horas. Durante esos primeros meses, en horas diurnas, muchos bebés dormirán breves siestas de 20-30 minutos intercaladas con periodos de alerta. Aunque duerman alrededor del 75% del día, su patrón de sueño puede ser particularmente frustrante para padres primerizos, ya que es errático y deja muy poco tiempo para dormir bien o hacer cualquier cosa valedera. Algunos recién nacidos tomarán una siesta o dormirán por más tiempo si los envuelven en una manta. A veces se puede prolongar la siesta si se lo carga en un portabebés "como canguro". No obstante, cada bebé es diferente y puede ser sumamente difícil encontrar un patrón entre la alimentación y las horas de sueño en los primeros meses de vida. ¡No se rinda! A los 4-6 meses de vida, el sistema nervioso del bebé habrá madurado lo suficiente para poder dormir por más tiempo. Eso equivale a un periodo de 5-6 horas por la noche (aunque algunos bebés duermen por más tiempo). Es un hito importante para usted porque así ya puede comenzar a establecer rituales predecibles que, con el tiempo, ayudarán al bebé a dormirse solo. A los cuatro meses de vida puede comenzar a desarrollar un horario o una rutina más regular para que el bebé se alimente y duerma. A esa edad, como promedio, el bebé se alimenta cinco veces por día.

Algunos recién nacidos tomarán una siesta o dormirán por más tiempo si los envuelven en una manta. A veces se puede prolongar la siesta si se lo carga en un portabebés "como canguro".

Rutinas predecibles

Es importante tener una rutina predecible para acostar al bebé. Así se sienten seguros a la hora de dormir y aprenden regular solos sus emociones. Establecer una rutina alrededor de la hora de acostarse por la noche ayudará a los bebés habituarse. Por ejemplo, usted podría establecer una rutina de alimentarlo, cambiarle los pañales, ponerle el piyama, leer y cantar las mismas canciones antes de acostar al bebé en la cuna. Esa rutina lo ayudará a saber que se está preparando para dormir por la noche. El hábito para las siestas diurnas será más sencillo, pero podría incluir parte de la misma rutina de alimentarlo, cambiarle los pañales y cantar una canción.

IMPORTANTE PARA EL BEBÉ

Recuerde no darle un biberón de fórmula al bebé cuando está en la cuna. Cuando le salgan los dientes, el azúcar de la leche le producirá caries.

Cómo brindarle seguridad: el sueño y el llanto nocturno

Por la noche todos los bebés se despiertan brevemente y lloran. En efecto, los bebés de 4 a 6 meses de edad, alternan ciclos de sueño profundo y sueño liviano cada 3-4 horas. Cuando el bebé duerma livianamente, es posible que llore y se inquiete, y que luego vuelva a calmarse cuando encuentre su pulgar. Si usted carga al bebé para calmarlo al primer gemido, aprenderá a que eso sea lo habitual e incluso comenzará a despertar más frecuentemente para que lo atiendan. La meta es lograr el equilibrio entre un apoyo sensible y la oportunidad de que el bebé regule sus propias emociones y vuelva a dormirse. Eso puede implicar que, cuando se despierte el bebé por la noche, usted aguarde unos minutos para ver si el llanto es genuino o si solo se despertó brevemente. También le conviene desarrollar una rutina para acostarlo por la noche y dormir siestas durante el día. Eso puede incluir acostarlo en la cuna si tiene sueño aunque no se haya dormido totalmente. Tal vez haga un berrinche por unos minutos cuando lo acueste y luego se relaje y se duerma. Eso lo ayudará a no depender del ritual de ser cargado o alimentado por mamá o papá para dormirse. Así se dará cuenta de que puede dormirse solo y podrá volver a dormir sin ayuda cuando despierte durante la noche. Si el bebé tiene suficiente edad como para mantener la cabeza levantada, usted podría agregar a la cuna un objeto "adorable" para ayudarlo a dormirse. Podría ser una manta suave y liviana (del tamaño de un pañuelo) o un juguetito relleno y liviano. Cuando amamante al bebé o le dé su biberón, póngale el objeto adorable en el brazo o la mano, en contacto con la mejilla. Luego, cuando acueste al bebé en la cuna, acérquele el objeto adorable. Al principio es posible que el niño note la presencia del objeto

Si el bebé tiene suficiente edad como para mantener la cabeza levantada, usted podría agregar a la cuna un objeto "adorable" para ayudarlo a dormirse.

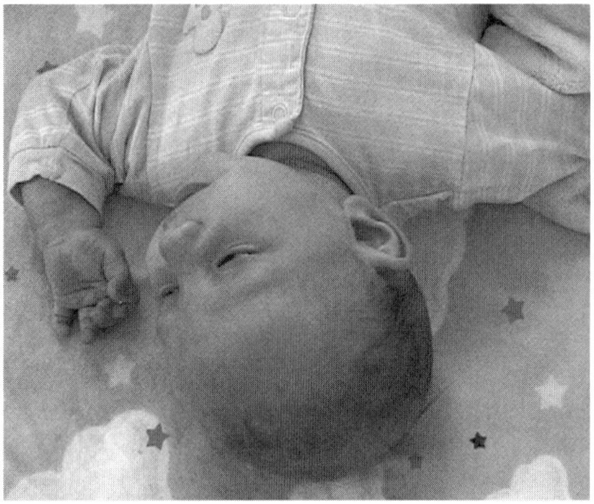

o que responda al mismo, pero puede que pronto lo busque y sujete como parte de su ritual para dormir.

Hay diversas filosofías de crianza sobre cómo hacer dormir a los bebés y, a menudo, se prestan para acalorados debates. Lo más importante que necesitan recordar los padres es que, en el contexto de una crianza afectuosa, sus decisiones sobre cómo dormir al bebé no perjudicarán al pequeño. Si el sistema funciona para usted, su pareja y el niño, entonces puede y debe seguir aplicándolo. Ya sea que elija dejar que el bebé "se descargue", que lo lleve a dormir con usted o aplique un método más gradual para hacerlo dormir, el bebé estará bien y, con el tiempo, aprenderá a dormirse. Si se siente frustrada o agotada por los patrones de sueño del bebé, alrededor de los 4-5 meses de vida, podrá comenzar a cambiar esos patrones. *Sin embargo no espere que el bebé tenga un horario predecible para dormir antes de los 4 años.*

Recuerde que, en este momento, el llanto es el único medio que tiene su bebé para comunicar que necesita algo.

Apoyo y descanso para los padres

Se han escrito muchos libros para guiar a los padres en el proceso de hacer dormir al bebé. Si decide que necesita ayuda para hacer dormir a su hijo, uno de esos libros populares que figura más abajo puede ayudarla a establecer nuevas rutinas y asociaciones para que el pequeño se duerma. El método que sirva para su familia dependerá de su propia filosofía y estilo de crianza. Recuerde que, independientemente de lo que lea o le digan, *sus decisiones no le harán daño al bebé. ¡Necesitará confiar en sus propios instintos y quizás deba experimentar personalmente con varias teorías antes de encontrar la que funcione!*

Solve Your Child's Sleep Problems (Resuelva los problemas de sueño de su hijo) de Richard Ferber: Ayuda a establecer rutinas para lograr que los niños duerman en sus propias camas.

The No Cry Sleep Solution (La solución sin llanto) de Elizabeth Pantley: Ayuda a mejorar los patrones de sueño sin llanto de los niños.

A menudo los padres de bebés descubren que su propio agotamiento es la mayor dificultad con la que tienen que luchar. El cansancio permanente puede afectar su actitud frente a la vida, reducir su tolerancia a la frustración y quitarle paciencia y sensibilidad en la crianza. Es importante encontrar apoyo durante esa etapa. También es importante tolerar las decisiones de otros padres durante esa etapa difícil y escasa de descanso.

IMPORTANTE PARA EL BEBÉ

Recuerde acostar al bebé boca arriba y que no haya protectores tipo almohada, mantas, animalitos de peluche ni otros objetos pequeños en la cuna. Una vez que el bebé tenga suficiente edad para darse vuelta solo, usted no tendrá que preocuparse por volver a ponerlo boca arriba. Pero igualmente deberá evitar las mantas y almohadas.

El temperamento individual del bebé

Así como es única la estructura genética de cada bebé también es única su estructura cerebral. Está conectada de otra manera y se adaptará a las experiencias a su propio ritmo. Esto significa que cada bebé tiene su propio temperamento particular y sus propias y complejas cualidades. El temperamento es un estilo de la conducta que se refiere a la manera natural o biológica en que una persona reacciona o se comporta en respuesta a su ambiente. A fines de la década de 1950, los investigadores Thomas, Chess, Birch, Hertizig y Korn identificaron nueve características o singularidades que consideraron presentes al nacer y que siguen influyendo en el desarrollo de maneras importantes durante toda la vida. Algunos bebés serán muy irritables en sus emociones, estarán muy indispuestos a aceptar un cambio y serán sensibles a su ambiente. Otros estarán más atentos, serán dóciles contemplarán nuevos juguetes con tranquilidad y se tomarán las cosas con calma. Aunque la interacción con el ambiente y los padres puede modificar en cierta medida esas características físicas, se considera que las particularidades de una persona son congénitas y estables, y no son producto de la manera en que se cría a un niño. La tarea para los padres es aprender sobre las exclusivas conexiones y el temperamento de su bebé, y responder de maneras sensibles para contribuir a la mejor formación del pequeño. Al final de este capítulo hay un cuestionario sobre el temperamento del bebé. Evalúe lo que usted piensa del bebé en cada una de las nueve características, propuestas por Thomas y otros, que describen la manera en que el bebé reacciona a su ambiente. Cada característica es un continuo. De modo que es muy probable que su bebé se parezca mucho a una de las características, pero también es posible que esté en medio de dos características o que presente una combinación de varias.

Las características básicas de una persona se consideran congénitas y estables, y no son producto de la manera en que se cría a un niños.

Bebé de temperamento dócil y flexible: Si su bebé es mayormente equilibrado, adaptable, positivo y tranquilo, y su nivel de actividad es moderado, tiene un bebé de temperamento fácil. Alrededor del 40% de los niños entran en esa categoría.

Bebé lento para animarse y precavido: Si su bebé es lento para adaptarse, se distancia inicialmente y tiene un nivel moderado de actividad e intensidad, tiene un bebé de temperamento lento para animarse. Alrededor del 15% de los niños entran en esa categoría.

Bebé de temperamento desafiante: Si el nivel de actividad de su bebé es alto e impredecible, si tiene dificultad para adaptarse y es intenso y negativo, tiene un bebé de temperamento desafiante. Alrededor del 10% de los niños entran en esa categoría.

Alrededor del 35% de los niños son una combinación de estos patrones.

La tarea para los padres es aprender sobre las exclusivas conexiones y el temperamento de su bebé.

Criterios de crianza: un enfoque en el temperamento

Los padres no pueden cambiar el estilo temperamental de su bebé; por lo tanto, los criterios de crianza tienen que aceptar y ser sensibles al singular temperamento o las señales de cada bebé. Es importante que los padres traten de lograr una "adaptación" razonable entre el temperamento del bebé y su estilo de crianza. Eso puede lograrse si los padres observan y aprenden de la condición interna y el estilo de conducta de su bebé, y luego modifican o adaptan sus expectativas de crianza, su estímulo y sus respuestas según las necesidades propias del bebé.

> Es importante que los padres traten de lograr una "adaptación" razonable entre el temperamento del bebé y su estilo de crianza.

Recuerde que es importante no "rotular" al bebé como dócil, tímido o difícil. Esos rótulos pueden perjudicar la autoestima de su hijo y quizás establezcan un condicionamiento que en el futuro impida que el niño amplíe el repertorio de sus propias conductas. Quizás el temperamento de su bebé pueda desarrollarse de otra manera en los años siguientes y dicho temperamento pueda ser influido por las respuestas del ambiente.

Conocer la clase de temperamento de su bebé puede marcar la diferencia entre un niño feliz y un niño afligido y entre padres receptivos y padres frustrados. Comprender el temperamento de su bebé puede mejorar su relación con él porque usted aprenderá a obtener lo mejor de él dentro de los límites de su temperamento. Mediante su capacidad como mamá o papá usted puede ayudar al bebé a lidiar con su temperamento, a desarrollar su autoestima y, finalmente, a comprenderse mejor a sí mismo.

Por ejemplo, la crianza de un bebé de temperamento dócil o flexible exigirá un poco menos de tiempo y atención de los padres porque el pequeño se adaptará fácilmente a cambios en las rutinas, y quizás no exprese sus deseos individuales. Debido a ese estilo dócil, los padres tendrán que hacer esfuerzos especiales para averiguar sobre las frustraciones, las angustias y los intereses del bebé. También tendrán que evaluar lo

Criterio adaptativo y flexible

que piensa y siente el pequeño y cuál es la razón de ello. De lo contrario, un niño de esas características puede "volverse invisible" en la familia, ser inseguro y no recibir la ayuda necesaria para desarrollar su propia personalidad.

Sin embargo, el bebé que es inflexible, hiperactivo, distraído, impredecible o que se frustra fácilmente parecerá tener una insaciable necesidad de atención. Los bebés caracterizados por esos temperamentos difíciles frecuentemente agotan a los padres por toda la supervisión y atención que exigen. Esos bebés necesitarán rutinas predecibles, ayuda para prepararse para transiciones y descargas para su alto nivel de energía. Los padres pueden ocuparse en reconocer señales y activadores de las intensas emociones del bebé. Deben actuar en forma proactiva, es decir, sugerir una actividad para calmarse solo o implementar una actividad tranquila como leer un cuento o tomar un baño tibio. Los padres de bebés con temperamento intenso se esforzarán por ser tolerantes, pacientes y por dar el ejemplo de respuestas adecuadas. Cuando sea posible, es importante eliminar las distracciones que compiten entre sí, comprobar que no haya demasiada estimulación que altere sus emociones, brindarle recreos frecuentes y tratar de responder con tranquilidad a las intensas reacciones del pequeño. Los padres de bebés con temperamento intenso necesitarán obtener apoyo para sí mismos a fin de descansar y recuperar su energía.

Los padres tendrán que hacer esfuerzos especiales para averiguar sobre las frustraciones, las angustias y los intereses del bebé.

Por otra parte, el bebé precavido y lento para animarse estará relativamente inactivo, será reacio a explorar el ambiente y puede que se distancie o reaccione negativamente a situaciones nuevas. Esos bebés también necesitarán rutinas claras, como así también un incentivo para experimentar con actividades nuevas y abundante tiempo para animarse a fin de conocer a nuevas personas o ser cargado por ellas y, finalmente, acceder a situaciones nuevas, como la guardería diurna o el jardín de infantes.

En resumen . . .

Apoyo para el desarrollo del bebé

Los padres efectivos son aquellos que comprenden las percepciones individuales, las aptitudes del desarrollo y el temperamento de sus bebés, y que también comprenden con bastante exactitud las señales de los pequeños. En otras palabras, son padres que pueden ponerse en el lugar de su singular bebé y en la perspectiva que este tiene del mundo. El bebé ha estado transitando desde el mundo del vientre materno–donde estaba seguro y se cubría cada necesidad–y ha emprendido una travesía en los primeros meses hacia un nuevo mundo con ruidos, olores, sabores, vistas y sensaciones diferentes, como así también un horario que no comprende. Su cerebro se encuentra "en construcción" y ha estado en una situación de desamparo. Ni siquiera puede levantar la cabeza o rodar sobre la barriga. Depende totalmente de sus padres. Durante esta etapa los padres lo han apoyado para que se sienta amado, seguro y protegido. Le han brindado consuelo permanentemente, como así también rutinas predecibles, estimulación adaptada a su estado de ánimo y temperamento, y le han dado serenidad y amor. Se han establecido firmemente los ladrillos básicos de su arquitectura cerebral y las conexiones de sus neuronas. Durante los próximos 6 meses, descubrirá la conciencia de sí mismo. Aprenderá no solo a sujetar cosas, a acercarlas, a gatear y jalar de un mueble para pararse, sino también a influir en las reacciones emocionales de los demás con él.

La perspectiva de los padres

CÓMO AYUDAR A QUE MI BEBÉ SE SIENTA AMADO, SEGURO Y PROTEGIDO

Digo frecuentemente el nombre de mi bebé

- A menudo mimo, acuno, beso y abrazo a mi bebé
- Hablo a mi bebé con "lenguaje materno"
- Trato de comprender las señales y el llanto "sin palabras" de mi bebé; veo si necesita pañales limpios, si tiene hambre o necesita mimos
- Trato de ver el punto de vista de mi bebé y le hablo de eso
- Cuando mi bebé está molesto siempre le brindo consuelo
- Digo frecuentemente el nombre de mi bebé
- Hago rituales divertidos con las cosas diarias, como el cambio de pañales, la comida y la hora de bañarse para que se vaya familiarizando con eso
- Le digo al bebé que lo amo y comparto mis alegrías con él
- Observo cuando el bebé está angustiado, insatisfecho, triste o feliz y le nombro y describo sus emociones
- Organizo el día del bebé con rutinas y respuestas predecibles
- Modifico la cantidad de estimulación que recibe el bebé
- Toco al bebé de manera cariñosa
- Trato de ser coherente y cada día limito la cantidad de cambios de actividad
- Cuando el bebé está molesto, mantengo la calma
- Le "leo el pensamiento" al bebé y hago los cambios necesarios para responderle

Detalles para recordar

CÓMO ESTABLECER HÁBITOS SALUDABLES E INDEPENDIENTES PARA QUE DUERMA EL BEBÉ

Recuerde que las metas y filosofías sobre el hábito de dormir en los niños varían de una a otra familia. Si está satisfecha con su rutina actual, no necesita cambiarla. Si desea estimular al niño para que duerma sin ayuda, los siguientes consejos ayudarán a que usted y el pequeño alcancen tal meta.

Tengo una rutina para acostarse

- Organice los patrones de sueño: establezca la hora de acostarlo y horarios regulares para la siesta (comience a los 4–5 meses).
- Para acostarlo por la noche escoja una hora adecuada para el horario de la familia y cúmplala tanto como sea posible.
- Establezca una rutina para acostarlo, ej.: baño, pañales, piyamas, cuento, canción y beso de las buenas noches.
- Cada noche cumpla la rutina para acostarlo en el mismo orden.
- Establezca un horario de siesta más sencillo y regular.
- Trate de poner al bebé en la cuna cuando este tenga sueño, pero antes de que se duerma.
- Si el bebé tiene suficiente edad para levantar la cabeza sin ayuda, ofrézcale un objeto “adorable” pequeño y liviano.
- Recuerde que, si deja que el bebé llore por unos minutos al acostarlo, no le hará mal.

- Si el bebé despierta en medio de la noche, dele la oportunidad de volver a dormirse solo.
- Hacia los 4–6 meses de vida, casi ningún bebé necesita alimentarse en medio de la noche para cumplir con su nutrición. Muchos han aprendido a ser amamantados o a recibir un biberón para calmarse en esas ocasiones. Tales alimentaciones pueden abreviarse gradualmente y luego eliminarse.
- Recuerde que los bebés alternan ciclos de sueño profundo y sueño liviano cada 3–4 horas. Cuando tienen sueño liviano es posible que lloren y se inquieten. Antes de responderle al bebé, dele la oportunidad de calmarse solo.

Hábitos saludables para dormir

Hacer que mi bebé sienta que es especial

La perspectiva de los padres

EL BENEFICIO DE LA ADAPTACIÓN Y EL CONTROL DEL TEMPERAMENTO DE MI BEBÉ

Aunque el temperamento de los padres sea diferente al de sus hijos, pueden esforzarse por adaptarse bien a su bebé e hijo. Hay buena adaptación cuando las demandas y expectativas de los padres son compatibles con el temperamento, las destrezas y las características de su hijo. La meta es siempre controlar el temperamento en lugar de reprimirlo o cambiarlo.

- Reconocer que el temperamento de mi hijo no es mi "culpa" porque el temperamento es algo biológico y genético. No es algo aprendido de los padres. Mi bebé no trata de ser difícil ni irritable a propósito. No es culpa suya ni mía.
- Respetar el temperamento de mi bebé sin compararlo con otros hermanos ni tratar de cambiar su temperamento básico.
- Considerar mi propio temperamento básico y mi conducta, y ajustar mis respuestas en la crianza cuando chocan con las respuestas de mi bebé para facilitar una mejor adaptación.
- Recordar que mis hijos aprenden de mí aquello sobre lo que les doy un ejemplo.
- Tratar de considerar y anticiparme a la adaptabilidad, el nivel de actividad, la sensibilidad, los ritmos biológicos y las destrezas del bebé para mantener su atención al planear las actividades más adecuadas para el pequeño.

- Tratar de concentrarme en los problemas del momento. No hacer proyecciones futuras.
- Evaluar mis expectativas, preferencias y valores con respecto a mi bebé. ¿Acaso son realistas y adecuados?
- Anticiparme a las situaciones de alto riesgo e intentar evitarlas o minimizarlas.
- Disfrutar de las interacciones con cada uno de mis hijos y las diferencias entre ellos.
- Evitar rotular a mi bebé como malo o difícil porque eso puede perjudicar la imagen que tiene de sí mismo y empeorar sus dificultades.
- Tratar de distinguir entre una rabieta producida por su temperamento (reacción a la desilusión) y una de manipulación (diseñada para hacer ceder a los padres).
- Hacer que mi bebé sienta que es especial.
- Encontrar una manera que mi bebé y yo pasemos algún tiempo separados para que ambos podamos aliviarnos.

Recuerde que, si se controlan con buen juicio, todas las cualidades temperamentales pueden moldearse para beneficiar a un niño.

Concentrarse en el presente

DIARIO DE LA RUTINA DE MI BEBÉ PARA ACOSTARSE

Escriba su rutina para acostar al bebé por la noche.

DIARIO DE LA RUTINA DE MI BEBÉ PARA ALIMENTARSE

Escriba su rutina para alimentar al bebé.

EL DIARIO DE LA RUTINA DE MI BEBÉ PARA BAÑARSE

Escriba su rutina para bañar al bebé.

El diario de mi bebé
CUATRO MESES

HORAS DE DORMIR

HORAS
DE ALIMENTARSE

HORAS DE JUGAR Y
ESTAR ALERTA

BERRINCHES

EVACUACIONES

El diario de mi bebé
CINCO MESES

HORAS DE DORMIR

HORAS
DE ALIMENTARSE

HORAS DE JUGAR Y
ESTAR ALERTA

BERRINCHES

EVACUACIONES

El diario de mi bebé
SEIS MESES

HORAS DE DORMIR

HORAS
DE ALIMENTARSE

HORAS DE JUGAR Y
ESTAR ALERTA

BERRINCHES

EVACUACIONES

El temperamento de mi bebé

En este cuestionario sobre el temperamento, evalúe lo que usted piensa del bebé en cada una de las nueve características, propuestas por Thomas y otros, que describen la manera en que el bebé reacciona a su ambiente. Cada característica es un continuo. De modo que es muy probable que su bebé se parezca mucho a una de las características, pero también es posible que esté en medio de dos características. Una vez que haya evaluado el temperamento individual del bebé, evalúe también su propio temperamento y piense en las similitudes o diferencias.

El nivel de actividad de mi bebé: *Esto es cuánto se mueve, se menea o está activo frente a cuánto se relaja, se queda sentado o prefiere actividades tranquilas*.

Muy activo				Silencioso y relajado
1	2	3	4	5

La regularidad de las funciones corporales de mi bebé: *Esto es la facilidad con que pueden predecirse sus horarios para dormir, su apetito y sus evacuaciones*.

Mayormente regular/Predecible				Mayormente irregular/Impredecible
1	2	3	4	5

La facilidad de adaptación de mi bebé: *Esto es cómo se adapta a cambios en la rutina, nuevos alimentos, nuevas personas o nuevos lugares.*

Se adapta rápidamente				Lento para adaptarset
1	2	3	4	5

El enfoque de mi bebé: *Esto es qué tanto se entusiasma para probar algo nuevo frente a cuánto temor o timidez manifiesta cuando se le presenta una nueva situación o persona.*

Enfoque inicial con entusiasmo				Retiro o desconfianza inicial
1	2	3	4	5

La sensibilidad física de mi bebé: *Esto es qué tan sensible es al ruido, los sabores, las texturas, las luces brillantes, el contacto físico o la temperatura.*

NO ES SENSIBLE				ES MUY SENSIBLE
1	2	3	4	5

La intensidad de mi bebé: *Esto es cómo reacciona emocionalmente a las cosas, incluso a eventos sin importancia.*

MUCHA INTENSIDAD EMOCIONAL				REACCIÓN MODERADA Y CALMA
1	2	3	4	5

La facilidad de mi bebé para distraerse: *Esto es el grado con que se distrae por sonidos, vistas o cosas del ambiente frente a cuánto puede ignorar los estímulos externos y prestar atención.*

SE DISTRAE MUY FÁCILMENTE				NO SE DISTRAE
1	2	3	4	5

El estado de ánimo de mi bebé: *Este es el grado en que está contento o tiene actitud positiva frente la actitud negativa.*

ESTADO DE ÁNIMO POSITIVO				ESTADO DE ÁNIMO NEGATIVO
1	2	3	4	5

La constancia de mi bebé: *Este es el grado en que es constante o puede mantener su atención frente a qué tan fácilmente se da por vencido frente a los obstáculos.*

CAPACIDAD DE ATENCIÓN PROLONGADA				CAPACIDAD DE ATENCIÓN BREVE
1	2	3	4	5

La adaptación entre el temperamento de los padres y el temperamento del bebé

Los padres también tienen su propio temperamento. Por eso necesitan comprender cómo su temperamento se combina con el temperamento del bebé. A veces el temperamento de los padres es muy similar al de su hijo; otras veces son muy diferentes. Tanto las similitudes como las diferencias entre el temperamento de los padres y del hijo pueden producir conflictos o complementarse.

Tome el cuestionario que respondió antes sobre el temperamento del bebé y ahora respóndalo por usted. Vea qué puede averiguar sobre la adaptación entre el temperamento suyo y el del bebé en esta etapa de su desarrollo.

Mi nivel de actividad: *Esto es cuánto me muevo frente a cuánto me relajo. Soy:*

Muy activa				Silenciosa y relajada
1	2	3	4	5

La regularidad de mis funciones corporales: *Esto es la facilidad con que pueden predecirse sus horarios para dormir, comer y sus evacuaciones. Soy:*

Mayormente regular/Predecible				Mayormente irregular/Impredecible
1	2	3	4	5

Mi facilidad de adaptación: E*sto es cómo me adapto a cambios en la rutina, nuevos alimentos, nuevas personas o nuevos lugares. Habitualmente:*

Me adapto rápidamente				Soy lenta para adaptarme
1	2	3	4	5

Mi enfoque: *Esto es qué tanto me entusiasmo para probar algo nuevo frente a qué tan temerosa o tímida soy. Habitualmente:*

Me entusiasmo inicialmente				Me retiro o desconfío inicialmente
1	2	3	4	5

Mi sensibilidad física: *Esto es qué tan sensible soy al ruido, las texturas, las luces brillantes, la temperatura:*

No soy sensible				Soy muy sensible
1	2	3	4	5

Mi intensidad: *Esta es la intensidad de mis reacciones o emociones:*

Mucha intensidad emocional				Reacción moderada y calma
1	2	3	4	5

Mi facilidad para distraerme: *Esto es el grado con que me distraigo y presto atención a todo lo que me rodea frente a cuánto puedo ignorar los estímulos externos. Habitualmente:*

Me distraigo muy fácilmente				No me distraigo
1	2	3	4	5

Mi estado de ánimo: *Este es el grado en que estoy contenta o tengo actitud positiva frente la actitud negativa. Habitualmente tengo:*

Estado de ánimo positivo				Estado de ánimo negativo
1	2	3	4	5

Mi constancia: *Este es el grado en que soy constante o puedo mantener mi atención frente a qué tan fácilmente me doy por vencida. Habitualmente tengo:*

Capacidad de atención prolongada				Capacidad de atención breve
1	2	3	4	5

3-6 meses

FOTOS DEL BEBÉ

Capítulo 5

Obtengamos apoyo como padres:

LOS SEIS PRIMEROS MESES

Introducción

La mayoría de quienes crían un bebé se sienten cansados y, a veces, abrumados y estresados durante los primeros meses de vida del pequeño. Los bebés no tienen horario fijo para dormir durante los primeros meses. Por lo tanto, los padres están "de guardia" las 24 horas del día y no pueden dormir durante periodos prolongados. La privación del sueño de los padres más la intensidad del trabajo que implica cuidar permanentemente de un bebé puede contribuir a que los padres a veces se irriten, se agoten y se entristezcan. Es probable que haya conflicto en la relación de pareja y que ocasionalmente se vuelva difícil. Eso puede sorprender a los padres que tengan expectativas irreales sobre la "permanente" alegría que traen los bebés. Sin embargo, esa es

Tranquila, paciente y afectuosa

Los pequeños son notablemente sensibles a su ambiente emocional y a la reacción de padres estresados.

una reacción normal y puede controlarse. Para eso hay que tomar conciencia de su estado de ánimo, de cómo lo manifiesta, y también hay que descansar y obtener apoyo cuando lo necesita. Es importante obtener apoyo de otros, tales como abuelos, amigos y una guardería diurna mientras usted descansa ocasionalmente. Aunque eche de menos al bebé, ese descanso le brindará tiempo para recuperar energías, descansar y recuperar una actitud positiva y relajada para reencontrarse con el pequeño. Ese tiempo de separación, aunque sea apenas una hora, también es bueno para el bebé. Los pequeños son notablemente sensibles a su ambiente emocional y a la reacción de padres estresados. Pueden darse cuenta de que algo va mal. La investigación ha indicado que, si los bebés están regularmente expuestos a un ambiente social de enojo u hostilidad, habrá cambios negativos en su desarrollo cerebral y en sus condiciones fisiológicas, por ej., en el pulso cardiaco y la presión de la sangre. Los bebés también tienen más dificultad para regular su conducta y sus emociones en un ambiente estresante. Por lo tanto, es esencial obtener el apoyo de otros para simplificar la vida y brindar al bebé una crianza positiva, tranquila, paciente y afectuosa.

IMPORTANTE PARA EL BEBÉ

Cuando usted deja al bebé con alguien de su confianza, es importante ayudar a esa persona a comprender cómo continuar las rutinas predecibles que usted estableció para que el bebé se sienta seguro y protegido durante la ausencia de mamá o papá.
No olvide indicarles cómo comunicarse con usted.

Planificación para dejar al bebé al cuidado de otros

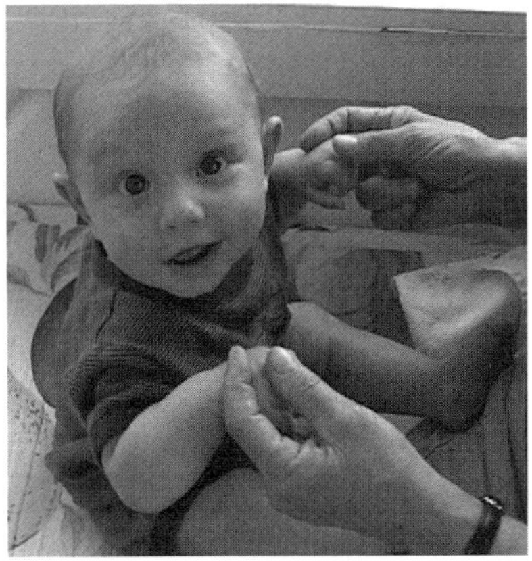

Puede que resulte dolorosa y difícil la separación las primeras veces que deje al bebé a cargo de otra persona. Durante buena parte de su ausencia es probable que usted piense en el bebé. Pero saber que su bebé está en manos de alguien que conoce sus rutinas y también lo que le gusta y le disgusta al pequeño será un motivo muy válido de tranquilidad. Para comenzar ese proceso de encomendar al bebé al cuidado de alguien de confianza, puede relatarle a esa persona cómo es un día habitual para su bebé. Piense en lo que por lo general haría con el bebé durante el tiempo en que esté ausente y comparta con la niñera las notas del día habitual del bebé y sus horarios y actividades de costumbre. Quizás quiera incluir información sobre los hábitos de alimentación del bebé, como así también sus rutinas para dormir y cambiar los pañales. También puede incluir ideas sobre las preferencias del pequeño en cuanto a canciones, actividades y juguetes que le gustan. Hay mucho que puede compartir para asegurarse de que quien lo cuide hará muchas de las mismas cosas que usted hace. Eso la ayudará a sentirse conectada con el bebé aunque se ausente.

Saber que su bebé está en manos de alguien que conoce sus rutinas y también lo que le gusta y le disgusta al pequeño será un motivo muy válido de tranquilidad.

Protección

Si fuera posible, tanto usted como la niñera se sentirán más a gusto con el proceso si usted permanece un rato con el bebé antes de partir. Puede planear que pasen una hora los tres juntos y que la niñera la ayude a bañar al bebé, jugar con él, alimentarlo y cambiarle los pañales. Cuando usted esté por salir, procure planear siempre un tiempo de transición. Haga que la niñera llegue 15 minutos antes de la hora en que usted necesite partir y así tener tiempo de compartir información importante antes de salir de prisa. Si fuera posible, comience a dejar al bebé por breves periodos de tiempo. Quizás quiera dejarlo con una amiga por unos 15-30 minutos mientras usted sale a caminar, hace ejercicios o toma un baño. Después, a medida que se sienta más a gusto con eso, podrá aumentar gradualmente el tiempo en que se ausenta.

La decisión de trabajar fuera de la casa

Decisiones individuales

Volver al trabajo puede ser una decisión difícil. Puede que algunas madres anhelen retomar una carrera profesional que consideran gratificante e importante para los ingresos familiares. Tal vez otras prefieran permanecer en la casa. Las circunstancias de algunas familias le permiten tomar otras decisiones, en tanto que la exigencia laboral o la situación económica de otras pueden requerir que la madre vuelva al trabajo más pronto de lo que quisiera. Se trata de decisiones individuales y no hay "enfoque" correcto, salvo el que sea adecuado para usted. Además, es importante recordar que quizás se sienta angustiada aunque haya tomado la decisión adecuada para usted y su familia.

Puede que se sienta angustiada aunque haya tomado la decisión adecuada para usted y su familia.

Hay que conocer las costumbres diarias del bebé

Pídale a la guardería que escriba lo que sucede cada día en el diario de la niñera.

Si ha decidido volver a trabajar, puede sentirse emocionalmente más conectada a la vida del bebé en el trabajo si usted sabe y crea un mapa mental de lo que el pequeño hace durante el día. Pídale a la guardería que escriba lo que sucede cada día en el diario de la niñera. Esos diarios podrían cubrir rutinas como cuántos biberones tomó el bebé, cuándo durmió la siesta y qué le gustó hacer. La guardería también puede ayudar a llevar la cuenta de hitos de desarrollo importantes. Lleve a la guardería una copia de la lista de "Cosas que puedo hacer" para escribir cuando observen cambios en el desarrollo del bebé. Considere conservar esas notas en un cuaderno especial que vaya con el bebé de la casa a la guardería y de regreso a casa. Con el tiempo, tendrá un valioso diario sobre el tiempo que pasa su bebé en esa guardería. Lleve a la guardería una lista de las actividades, las canciones y los ejercicios favoritos del bebé. Eso la ayudará a tener la certeza de que, cuando usted está ausente, cuidan bien al bebé y se facilita cierta uniformidad en dicho cuidado.

Hay que interesarse en la niñera

Como lo sabe toda mamá que ha permanecido en la casa con hijos pequeños, ¡el cuidado de niños exige mucho esfuerzo! Una de las mejores maneras de garantizar el buen cuidado de su hijo es brindar apoyo a la niñera. No olvide dedicar un tiempo para conocerla. Averigüe lo que hace la niñera, conozca sus intereses y entréguele una tarjeta en el día de su cumpleaños. Recuerde manifestar su agradecimiento por el esfuerzo de cuidar a su pequeño. A medida que vaya conociendo a la niñera y confiando en ella, usted también se sentirá mejor sobre la relación especial que habrá entre el bebé y ella. Además, aunque sea importante la respuesta de la niñera con respecto a sus deseos como madre del bebé, recuerde también que los bebés son flexibles y se benefician al experimentar en su cuidado distintos tipos de estilos e incluso de idiomas. Siempre que la niñera esté atenta y sea afectuosa y receptiva, algunas variaciones en el estilo del cuidado ayudarán a su hijo a ser más flexible.

Recuerde manifestar su agradecimiento por el esfuerzo de cuidar a su pequeño.

Cómo conversar sobre las costumbres diarias del bebé con su pareja

Rutinas predecibles

Es importante encontrar maneras para que quien trabaje fuera de la casa participe en partes importantes del cuidado y la rutina del bebé.

Tal vez papá o mamá trabaje afuera a jornada completa, mientras que su pareja cuida del bebé en la casa. Es importante encontrar maneras para que quien trabaje fuera de la casa participe en partes importantes del cuidado y la rutina del bebé. Quizás quien queda en la casa con el bebé puede mantener el diario de actividades o hitos del desarrollo del bebé que ocurran durante el día. Si es posible, encuentre un momento por la noche para conversar sobre los eventos del día. Piense en el patrón o la rutina que desea establecer para el bebé cuando regrese por la noche la pareja que sale a trabajar. Si se planea y se conversa anticipadamente se puede lograr un trabajo de equipo muy gratificante. Por ejemplo, puede que la pareja que sale a trabajar se encargue del baño nocturno, la comida o la rutina del bebé para acostarse. Tal vez sea una oportunidad para que se tome un descanso la pareja que permanece en la casa y haga ejercicios o algo gratificante. Si trabajan en equipo ambos pueden disfrutar del proceso de la crianza y apoyarse mutuamente. Eso es importante para la relación de la pareja y de cada uno de estos con el bebé.

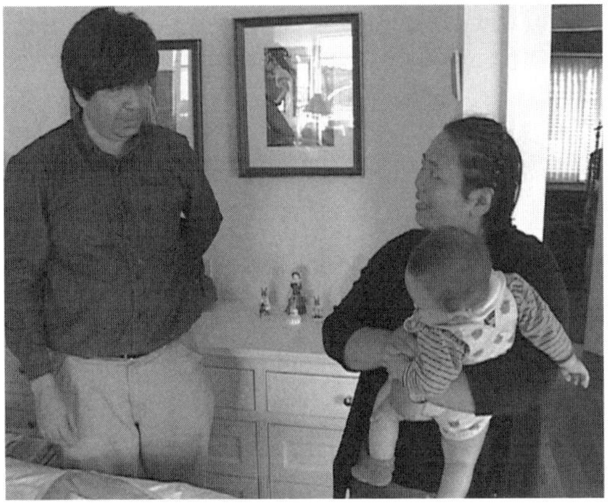

Frecuentemente, quien pasa más tiempo con el bebé se siente más seguro para atender las necesidades del pequeño. Esto es natural: esa persona adulta tiene más práctica para comprender las señales del bebé, más apego y más experiencia

con los métodos para calmarlo. Por esa razón, puede que el bebé se calme más pronto con quien permanece en casa. Quizás la pareja que pasa menos tiempo con el bebé se sienta excluida e inefectiva por eso. Es importante que ambos tengan la oportunidad de desarrollar una relación independiente con el bebé. Para quien permanece en casa eso puede requerir "no asesorar" a su pareja y dejar que desarrolle su propia relación con el bebé. No negamos que usted podría calmar al bebé más pronto o cambiarle los pañales más rápidamente. Pero si siempre se mete y asume el control, su pareja se sentirá desconectada y quizás finalmente se desvincule de la crianza. Esto puede significar que el bebé se perderá de tener la misma relación especial con la pareja que sale a trabajar y usted se perderá de un importante aliado en la crianza. Recuerde que su bebé se beneficiará al experimentar la diferencia entre los dos estilos de crianza, siempre que ambos sean afectuosos y receptivos.

Recuerde que su bebé se beneficiará al experimentar la diferencia entre los dos estilos de crianza.

Cómo conversar sobre las costumbres diarias del bebé con otros familiares y amigos

Además de compartir la crianza con la pareja y la guardería, invite también a otros familiares para participar en la vida del bebé. Quizás sus familiares vivan en otras ciudades u otros países, pero aún así podrá involucrarlos en la vida del bebé si les envía correos electrónicos, fotos, cartas o los llama por teléfono. Si permite que otros familiares y amigos conozcan los logros de su bebé, usted creará una red de apoyo familiar que cuidará del bebé mientras crece..

La relación del bebé con la niñera

Si usted sale a trabajar y su hijo pasa un tiempo regular con una niñera, quizás comience a sentir que el pequeño tiene un vínculo más fuerte con la niñera que con usted. Eso puede ser una emoción desgarradora, especialmente si la niñera llega a presenciar en la vida de su hijo hitos importantes que usted considera perdidas (la primera sonrisa, risa, gateo, palabra). Sepa que esos sentimientos son normales y tome conciencia de ello. Hable de eso con su pareja o un amigo. Además, recuerde que el vínculo entre padres e hijos es el más fuerte que existe. Aunque su hijo pase con la niñera mucho tiempo de cada día, el vínculo principal del pequeño será con mamá, papá o ambos. Como madre o padre, usted siempre será la relación más segura y fuerte que tendrá su hijo. Es bueno que el niño establezca una relación estrecha con una niñera. Así que celebre e incentive dicha relación, y siéntase segura sobre la relación del pequeño con usted.

Aunque su hijo pase con la niñera mucho tiempo de cada día, el vínculo principal del pequeño será con mamá, papá o ambos.

IMPORTANTE PARA EL BEBÉ

¡Nunca deje solo al niño sin saber quién está a cargo! Si la niñera es adolescente, recuerde establecer ciertas reglas sobre la visita del novio, el tiempo que pasa hablando por teléfono como así también la rutina habitual, la alimentación y las necesidades de actividad del bebé. Cerciórese de que la niñera tenga su número de teléfono y pueda comunicarse fácilmente con usted.

La participación en grupos de padres

> Esos grupos de apoyo para padres primerizos pueden contribuir a relaciones para toda la vida.

Relacionarse con otros adultos en grupos de padres no solo es divertido sino que también es una excelente fuente de apoyo social. Reunirse con otros padres que tienen bebés de edades similares puede ser una ocasión gratificante para compartir ideas sobre el desarrollo del bebé, aprender nuevas canciones, informarse sobre juguetes y recursos, también obtener ideas sobre bebés de distinto temperamento, diferentes horarios de alimentación y compartir alegrías y preocupaciones. ¡Intercambie ropa que le quede pequeña al bebé, sillitas de seguridad para auto, cunas e incluso cuidado de niños! ¡Esos grupos de apoyo para padres primerizos pueden contribuir a relaciones para toda la vida y un apoyo que se mantiene hasta que los hijos son adultos! Para los padres cuya familia extendida vive lejos o para papás o mamás sin pareja, esos grupos pueden ser la base para el apoyo de una familia extendida.

Apoyo social

En resumen . . .

El cuidado de un bebé requiere mucho esfuerzo y es importante que usted renueve siempre sus energías para ese trabajo. Para ello puede desarrollar un equipo de apoyo que involucre a su familia extendida, amigos, la guardería y una niñera. Esa personas pueden ayudarla a tomar un descanso para relajarse y dormir lo suficiente a fin de reencontrarse con el bebé con una actitud relajada y alegre. Además de eso, el pequeño disfrutará de conocer a nuevos familiares y amigos, mientras que los miembros de la familia extendida tendrán el placer de establecer un vínculo especial con el bebé.

La perspectiva de los padres

EL DESARROLLO DE MI EQUIPO DE APOYO

- Dedicar algún tiempo a lo que me gusta para recuperar mi energía.
- Me doy algún gusto, tal como ejercitarme, tener una sesión de masajes o salir a caminar con una amiga. Cuando reconozco mis propias necesidades y las satisfago, mis hijos también se benefician.
  - Dejo a mi bebé al cuidado de una persona de confianza.
  - Informo a la niñera sobre los horarios, la rutina general y las actividades favoritas de mi bebé.
  - Cuando regreso, la niñera me informa sobre las actividades y la rutina del bebé.
  - Manifiesto mi gratitud a la niñera por la atención considerada que le ha dado al bebé.

- Ayudo a mi bebé a establecer una relación especial con su niñera. Tengo presente que es un progreso saludable que no afectará mi vínculo con el bebé
- Ayudo al bebé a relacionarse con familiares y amigos. Para ello, aunque no vivan en mi vecindario, me comunico por teléfono, correo electrónico o mensajes de texto y los informo sobre los logros del desarrollo y los intereses especiales del pequeño para que tengan parte en la vida del pequeño.
- Mantengo un diario de momentos divertidos para compartir con amigos.
- Me reúno con otros padres para compartir ideas, experiencias y frustraciones sobre la crianza.
- Simplifico la vida.

Detalles para recordar
REPARACIÓN PARA LA NIÑERA

Asuntos para conversar con la niñera:

- Ubicación de la información de emergencia (llene la hoja informativa que se incluye y fíjela sobre el refrigerador).
- Dónde estará usted y cuándo regresará a casa.
- El horario del pequeño mientras usted esté ausente: hable de la alimentación, los pañales, el hábito de dormir y las actividades que le gustan al niño. Escribir una nota con esos detalles puede ser útil para la niñera.
- Muéstrele a la niñera dónde está cada cosa y qué hacer: la mesa para cambiar pañales y dónde desechar los sucios, cómo calentar la leche y dónde acostumbra el bebé a sentarse o jugar (silla saltarina, gimnasio “exersaucer”).
- Si la niñera llevará al bebé en automóvil, recuerde antes instalar correctamente la sillita de seguridad y mostrarle cómo asegurar allí al pequeño.
- Repase toda necesidad relativa a la seguridad del bebé y enfatice las situaciones específicas donde el pequeño necesita supervisión (protección del perro de la familia, de sus hermanos, dónde es seguro colocar al niño y dónde no lo es). Eso varía con el nivel de desarrollo de su hijo.
- Si la niñera es joven, le conviene platicar antes con ella sobre las expectativas de conducta: visitas, llamadas telefónicas, intercambio de mensajes de texto o si puede salir de la casa con el bebé.

- Consulte a la niñera sobre su nivel de experiencia con pequeños de la edad del suyo. Si su niñera no tiene experiencia, usted deberá pensar atentamente sobre las diversas situaciones que surgirán y brindarle orientación para velar por la seguridad del bebé. Por ejemplo, si una niñera adolescente nunca ha bañado un bebé, no permita que bañe al suyo cuando usted no esté en casa. Bríndele pautas claras sobre lo que el bebé puede y no puede comer.
- Converse sobre cuándo es conveniente que la llame a usted. Eso también va a variar con la experiencia de su niñera. Por ejemplo, usted podría permitir que una niñera con experiencia siga su propio criterio, pero preferirá que una adolescente la llame si el bebé ha estado llorando por más de 5-10 minutos.
- Informe a la niñera sobre lo que se permite y no se permite hacer en la casa: si le permite acceder a alimentos en la cocina, ver la televisión o usar la computadora cuando se duerma el bebé.
- Sin embargo, lo ideal es que la niñera pase algún tiempo antes con usted para observar, aprender las rutinas de alimentación y cambio de pañales, como así también los hábitos de juego.

Una vez que haya instruido a la niñera sobre todo eso, ¡relájese y disfrute de su tiempo libre!

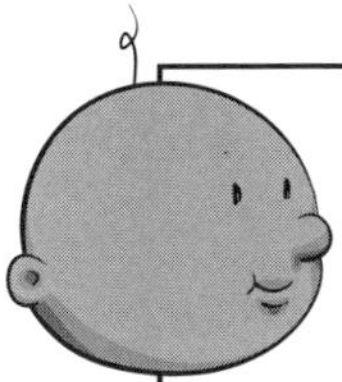

MI DIARIO DE APOYO

Haga aquí una lista de las cosas que son gratificantes para usted y las maneras en que puede obtener suficiente apoyo y descanso para recuperar energías y cuidar del bebé.

Por ejemplo, una breve caminata, leer el periódico, tomar el té con una amiga, salir a trotar, hablar por teléfono, tomar un baño o ir al cine.

MI DIARIO DE APOYO

Escriba aquí algo gratificante que hizo la semana pasada para renovar su energía o sentirse apoyada.

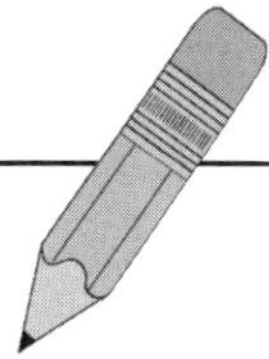

EL DIARIO DE LA NIÑERA

Niñera: escriba aquí las cosas que haya observado en el bebé durante el día, lo que le gusta, lo que no le gusta y nuevos hitos en su desarrollo.

HORARIO

LE GUSTA

NO LE GUSTA

NUEVOS HITOS EN EL DESARROLLO

COSAS NUEVAS QUE INTENTAMOS

Notas para la niñera sobre

EL HORARIO DE MI BEBÉ, LO QUE LE GUSTA Y LO QUE NO LE GUSTA

La perspectiva del bebé
COSAS QUE PUEDO HACER (6–9 meses)

Actividad	Fecha	Observaciones/Comentarios
Ahora puedo sentarme sin apoyo		
Estoy tratando de gatear con los brazos pero todavía no me funcionan las piernas		
Puedo decir "adiós" con la mano		
Puedo decir mamá y papá		
Puedo tratar de tomar algo que quiero		
Puedo indicar con gestos lo que quiero		

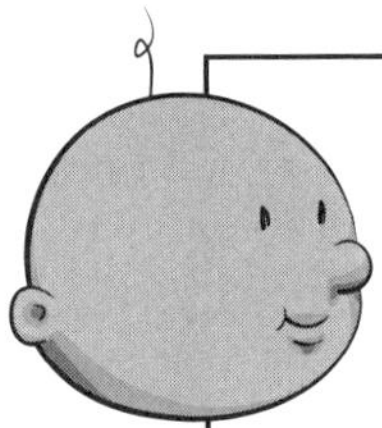

La perspectiva del bebé

COSAS QUE PUEDO HACER (6–9 meses)

Actividad	Fecha	Observaciones/Comentarios
Entiendo el significado de "no"		
Puedo entender lo que me dices		
Puedo buscar cosas que están ocultas o fuera de mi alcance		
Soy curioso y deseo explorar las cosas		
Puedo recoger alimentos en forma de bastoncillos con mis dedos y así comer solo		
Estoy experimentando con alimentos que me gustan y que no me gustan		

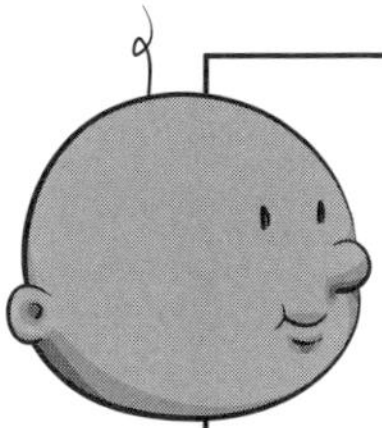

La perspectiva del bebé

COSAS QUE PUEDO HACER (6–9 meses)

Actividad	Fecha	Observaciones/Comentarios
Me encanta que me lean		
Bebo de una taza con piquito		
Me encanta jugar a las palmitas y a las escondidas		
Gateo y puedo levantar mi barriga del pisor		
Puedo poner cosas en un recipiente		
Estoy tratando de jalar y pararme		
Imito a otros que usan una cuchara o un tenedor		

Mantengo seguro a mi bebé

INFORMACIÓN DE EMERGENCIA

Fijar en el refrigerador

TEL. CELULAR DE LA MADRE/EL PADRE ____________________

A QUIÉN LLAMAR SI NO PUEDES CONTACTARME

Nombre ____________________ Nombre ____________________

Teléfono ____________________ Teléfono ____________________

EN CASO DE EMERGENCIA

Nuestra dirección para el 911 es ____________________

El cruce de la calle principal más cercano es: : ____________________

NUESTRO VECINO MÁS CERCANO PARA CONTACTAR EN UNA EMERGENCIA

Nombre ____________________

Dirección ____________________

Teléfono ____________________

NOMBRE/DIRECCIÓN/NO. TELEFÓNICO DEL MÉDICO ____________________

____

INFORMACIÓN DEL SEGURO [DEL NIÑO]

Proveedor ____________________ Grupo número # ____________________

Insured's Name and ID# ____________________ Policy ID# ____________________

AUTORIZACIÓN PARA TRATAMIENTO DE EMERGENCIA

Nombre del niño ____________________ Fecha de nacim. ____________________

Se autoriza a todo médico, dentista u hospital legalmente habilitado a prestar a mi hijo(a) (____________________) el servicio médico de emergencia necesario a solicitud de la persona que porta este formulario de consentimiento.

____________________ ____________________

SIGNATURE OF PARENT OR LEGAL GUARDIAN   DATES OF RELEASE

EL CARÁCTER DE MI BEBÉ

Escriba aquí lo que piensa sobre la personalidad y el carácter de su bebé.

DIARIO DE MIS SENTIMIENTOS

Escriba aquí lo que siente sobre los seis primeros meses con su bebé.

6 meses
FOTOS DEL BEBÉ

Capítulo 6

La creciente conciencia de sí mismo del bebé:

6-12 meses

Introducción

Como ya lo ha visto, durante los 6 primeros meses los bebés aprenden a confiar y a experimentar la intimidad al responder a la iniciativa de los padres con evidente satisfacción o curiosidad y al manifestar su desagrado o frustración cuando los estimulan demasiado o cuando papá o mamá no responde o se ausenta. En el segundo semestre de vida, comienzan a desarrollar la conciencia de sí mismos en relación con sus padres. Por ejemplo, los bebés comienzan a reconocer que pueden iniciar interacciones con mamá o papá. Para ello, le sonríen, intentan tocarle el cabello o le extienden los brazos para ser cargado. A los seis meses pueden distinguir entre sus padres y los extraños y comienzan a protestar cuando los separan de usted.

Los padres tienen que recordar que no pueden obligar a los niños a comer o dormir. Probablemente eso solo produzca inútiles luchas de poder.

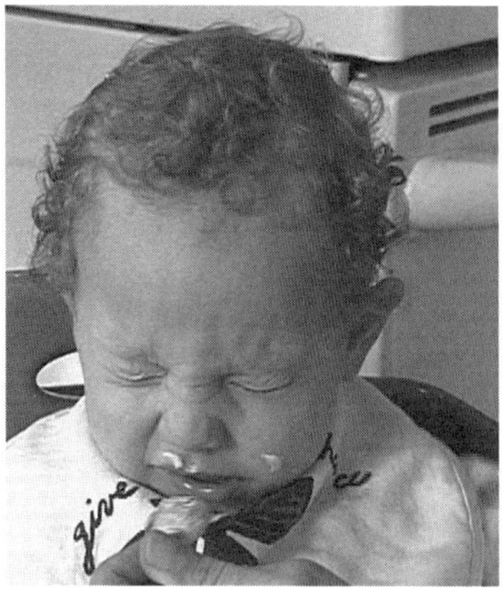

Hacia los nueves meses comienzan a comprender el significado de las palabras–incluso el significado de "no"–y desarrollan una memoria inicial. En esta etapa comienzan a expresar sus emociones de maneras más deliberadas, como hacer caer la comida de la mesa o gritar cuando un juguete no está a su alcance. A esta edad comienzan a probar alimentos servidos a la mesa. Usted notará que manifiestan ciertas conductas independientes, tales como sujetar una botella o una taza sin ayuda, o rechazar algunos alimentos.

A medida que los bebés comienzan a sentir una creciente conciencia de sí mismos y a hacer valer su independencia, los padres tienen que recordar que no pueden obligar a los niños a comer o dormir. Probablemente eso solo produzca inútiles luchas de poder. En este capítulo hablaremos de las maneras en que usted puede comenzar a responder a los intentos iniciales del bebé por dominar algo de su ambiente y las interacciones con mamá o papá.

Cómo comenzar con alimentos sólidos: Déjese guiar por el bebé

Alrededor de los 6 meses puede comenzar a ofrecerle alimentos para bebé aparte de amamantarlo o alimentarlo con biberón. Estas son algunas señales de que el bebé está listo para los alimentos sólidos:

- El bebé puede mantener levantada la cabeza y queda bien sentado en una sillita alta
- Ha duplicado su peso al nacer
- Manifiesta interés en los alimentos
- Parece que tiene hambre después de beber 40 onzas (1183 cc) de leche en un día u 8 sesiones de amamantamiento
- El bebé puede sujetar una cuchara

Algunos consejos para recordar antes de darle alimentos sólidos por primera vez:

- Permita que el bebé explore el sabor de los alimentos, sus sensaciones y texturas (al oler, tocar y mancharse)
- Luego el bebé aprenderá los movimientos para masticar y a tragar
- El bebé no tragará alimentos nuevos en el primer intento (incluso tampoco en el segundo o tercero)
- Permítale cierta independencia al bebé, tal como sujetar una cuchara, una taza con piquito o alimentarse solo
- Haga que la hora de comer sea divertida con juegos (ej., las escondidas)
- Demuéstrele usted misma las conductas adecuadas para comer (permita que el bebé la alimente a usted)

- Elogie las conductas sociales y dé el ejemplo de ellas (diga "gracias por compartir")
- Hable en "lenguaje materno" con el bebé durante la comida
- Nombre los alimentos que come el bebé
- Muéstrele una cara alegre
- Alterne entre la alimentación y la conversación
- Responda a las señales del bebé y no lo obligue a comer. Permítale establecer el ritmo y decidir cuándo ha terminado
- Déjese dirigir por el bebé al presentarle alimentos nuevos. Deje que el bebé recoja la comida y elija los alimentos que desee probar
- Combine las señales sin palabras para ayudarlo a expresar "más" o "ya terminé"
- Que la comida sea un tiempo para disfrutar en familiar. Deje que el bebé participe en las comidas de la familia junto a la mesa para que pueda copiar las conductas de alimentación
- Coloque una hoja de plástico limpia debajo de la silla por las porciones de alimento que caen

IMPORTANTE PARA EL BEBÉ

Durante varios meses más, la leche materna o la fórmula seguirá siendo la fuente principal de nutrición para el bebé. Así que no se preocupe si el pequeño no come mucho. En esta etapa, el bebé solo está aprendiendo a masticar, a reconocer las sensaciones y sabores de los alimentos, y a tragar.

IMPORTANTE PARA EL BEBÉ

Durante el primer año evite la miel (por el riesgo de botulismo) y la mantequilla de maní, los mariscos, los cítricos y la clara del huevo (por las posibles alergias). Evite darle nueces, cacahuates y otras frutas secas a niños menores de cinco años. Evite ofrecerle alimentos altamente procesados y los que tienen un agregado de sal o azúcar.

Cómo evitar peleas por la comida: Déjese dirigir por el bebé

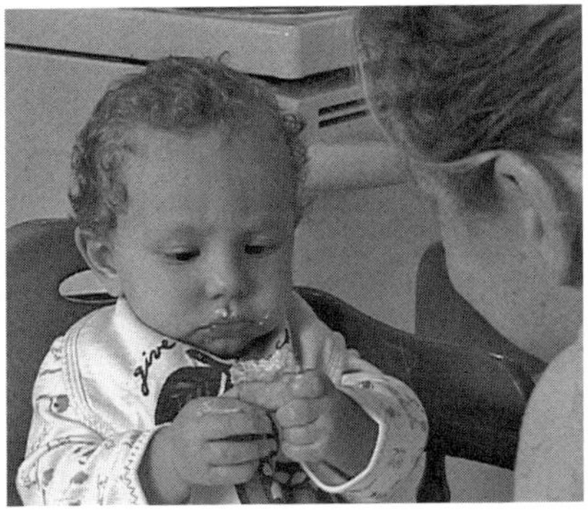

A los padres siempre les preocupa si el bebé se alimenta lo suficiente cuando rehúsa comer o rechaza la cuchara. Pero es importante comprender las señales del bebé y no obligarlo a comer cuando se resiste. ¡Todos los bebés lo hacen! Eso solamente logrará lo opuesto a lo que usted se propone. En lugar de ello haga que el bebé dirija el juego y la comunicación a la hora de la comida. Permítale ensuciarse, tocar, oler y manipular los alimentos, y celebre el entusiasmo y la curiosidad del pequeño al explorar. Recuerde que las primeras veces que el bebé coma alimentos sólidos comenzará a aprender a masticar, tragar, saborear y sentir las sensaciones de una cuchara y un alimento que es muy diferente a la lecha materna o la fórmula. Cuando le dé alimentos sólidos, el bebé deseará sujetar la cuchara, como también dejarla caer. Permítale hacer eso. Está aprendiendo sobre la gravedad y lo que sucede cuando suelta algo. ¿Todavía está allí? ¿Adónde se fue? La comida tiene que ver con mucho más que alimentarse y el bebé no pasará hambre. Permita que el bebé explore lo que le gusta y lo que no le gusta. Recuerde también que, de un día para el otro, cambiará su preferencia. Puede ofrecerle alimentos blandos, adecuados en tamaño y la forma, para que pueda recogerlos con los dedos y comer solo. Puede ofrecerle los mismos alimentos que usted come, tales como verduras blandas y frutas sin pelar (sin agregado de sal o azúcar). Bríndele varias opciones y déjelo establecer el ritmo de la comida. Tan pronto como el bebé indique que desea bajar de la sillita alta, diga "ya terminé" y permítale bajar a jugar. Lo importante es permitirle controlar lo que come y que la experiencia sea divertida.

Haga que el bebé dirija el juego y la comunicación a la hora de la comida.

Cómo ayudarlo a aprender a comer y beber por sí solo

Los bebés darán señales claras de que están o no interesados en comer la comida. Ese es su primer esfuerzo por hacer valer cierta independencia. Puede darle la oportunidad de comer solo y así estimular la colaboración del pequeño. A menudo le encantará hacerlo porque está ejercitando su independencia. Comience con una taza con piquito (con agua) que el bebé pueda sujetar solo. Dele alimentos tales como verduras ligeramente cocidas, que sean blandos pero no pastosos, y otros en trocitos o bastoncillos que el bebé pueda sujetar fácilmente. Puede ofrecerle pedazos de frutas sin pelar, como manzanas o peras. También notará que para el bebé es más fácil sujetar una tostada que un trozo de pan blando. No solo eso, sino que los bastoncillos de pan tostado son excelentes para mojar en salsas.

Permita que el pequeño coma a su propio ritmo y baje de la sillita alta cuando ya no desee comer o se haya aburrido con el juego de la comida. Deje que el bebé controle lo que come porque eso evitará muchos problemas futuros con la comida. No se preocupe de que el pequeño se asfixie si come solo porque a los 6 meses no puede pasar a la garganta la comida que se lleva a la boca para tragarla. ¡Por eso la escupe! Mientras el bebé se siente erguido y usted se siente junto a él para ofrecerle alimentos masticables será improbable que se asfixie. A veces hará una arcada pero eso es normal y no es lo mismo que la asfixia.

IMPORTANTE PARA EL BEBÉ

Hasta el primer año de vida, los pequeños necesitan leche materna o fórmula para cubrir todas sus necesidades nutricionales. La leche de vaca no proporciona todos esos nutrientes. No hay que darles leche de vaca a los bebés amamantados que son destetados antes de los 12 meses de edad; en lugar de ello, hay que alimentarlos con fórmula fortificada con hierro. Después del primer año, ni la leche materna ni la fórmula brindarán todos los nutrientes que necesita el niño. Los alimentos sólidos deben ser parte habitual de su dieta y también se le puede dar leche de vaca.

Decisiones sobre el destete del bebé*

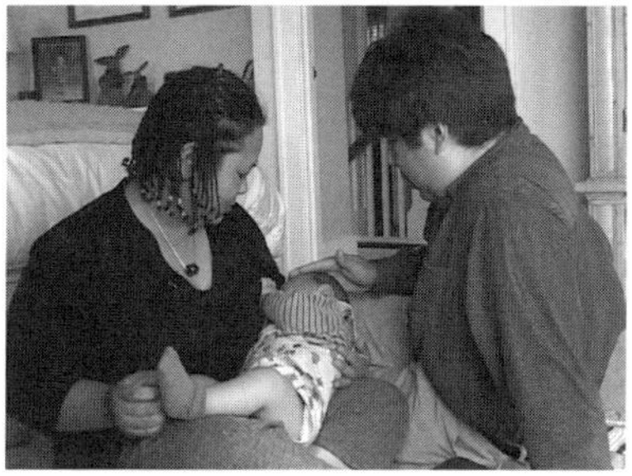

La Academia Estadounidense de Pediatras (AAP) recomienda la leche materna para el primer año de vida del bebé por sus beneficios inmunológicos, médicos y nutricionales. La leche materna (o la fórmula) es alimento suficiente para los 6 primeros meses de vida. Después se puede ofrecerle una combinación de alimentos sólidos con leche materna o fórmula al menos hasta que el bebé cumpla un año. Durante los primeros meses en que reciba alimentos sólidos, la mayor parte de la nutrición de su hijo dependerá de la leche materna o la fórmula. En la experiencia de comenzar a comer alimentos sólidos en esta etapa, que el bebé aprenda a comer solo y a tragar es más importante que cubrir sus necesidades nutricionales.

En la experiencia de comenzar a comer alimentos sólidos en esta etapa, que el bebé aprenda a comer y a tragar es más importante que cubrir sus necesidades nutricionales.

Decidir cuándo destetar al bebé es una decisión personal e individual. Algunas familias deciden destetarlo temprano mientras que otras continúan el amamantamiento por meses —o incluso años— después del primer año del niño. Hay factores que pueden influir en la decisión de cuándo amamantarlo, tales como sus preferencias personales, el horario de trabajo y viajes, su salud, la salud del niño o las señales que da el pequeño de que ya está listo para ser destetado.

Muchas madres toman la decisión de destetar con emociones encontradas. Por un lado, la decisión puede brindarles más flexibilidad y libertad, pero por el otro también puede implicar una pérdida de intimidad con el bebé. Independientemente de cuándo decida destetar al bebé, el mejor enfoque es hacerlo de una manera suave y gradual, que sea flexible y cubra lo que necesitan usted y su pequeño. Al hacerlo así, el destete puede ser una experiencia positiva tanto para la madre como para el niño.

Con respecto a la palabra "destete": En su sentido literal, "destete" significa "hacer que el niño deje de mamar" pero en ciertas culturas también significa "darle alimentos complementarios".

El destete no tiene que ser una propuesta a "todo o nada". Algunas mujeres prefieren destetar al bebé durante el día y amamantarlo por la noche o la mañana. Es más fácil destetar al bebé si este ya ha tomado leche de un biberón (o una taza con piquito, si es mayor de 12 meses). De modo que es buena idea darle ocasionalmente un biberón de leche materna si el bebé tiene aproximadamente 4-6 meses (o antes si usted decide destetarlo más temprano). Aunque planee continuar el amamantamiento, darle ese biberón ocasional de leche materna puede posibilitar que otros participen en la alimentación del bebé y usted se libere un poco del proceso.

Es más fácil destetar al bebé si este ya ha tomado leche de un biberón.

Algunos consejos para decidir cuándo destetarlo:

- Recuerde que usted es la más adecuada para decidir cuándo destetarlo.
- No se fije un plazo caprichoso sobre el tiempo en que amamantará al bebé. Recuerde que cada pequeño se desteta a una edad diferente y la preparación de cada uno no es igual a la de otros.
- Postergue el destete si hay otros cambios estresantes en la vida de su hijo, tales como comenzar a concurrir a la guardería, una mudanza, un divorcio, si usted acaba de regresar al trabajo o si el bebé se ha enfermado. Vuelva a intentarlo el próximo mes.

Algunos consejos para destetarlo: Aplique un criterio gradual guiado por el bebé

Elogios

- Para destetarlo aplique un método gradual. Al principio pase por alto una sesión de amamantamiento durante varios días (por ej., la sesión del mediodía). Retire una sesión de amamantamiento a la vez durante un periodo de varias semanas. Quizás convenga eliminar por último la sesión antes de acostarlo por la noche, para prolongar ese apego especial.
- Si es posible, evite el destete repentino. No solo puede ser estresante y cambiarle el estado de ánimo al niño, sino que puede causarle congestiones e infecciones mamarias a usted.
- Reduzca gradualmente el tiempo de amamantamiento y dele de mamar después de las comidas y no antes (si el bebé es mayor de 8 meses y ya come alimentos sólidos).
- No le ofrezca amamantarlo pero tampoco rehúse hacerlo. Hágalo cuando el bebé insista pero no se lo ofrezca en otras ocasiones.
- Posponga y distraiga. Haga que el pequeño participe en una actividad divertida a la hora en que habitualmente lo amamantaría. Distráigalo con un bocadillo o llévelo a pasear afuera.
- Si el amamantamiento está fuertemente asociado con una hora o actividad en particular (acostarse, despertar) haga que su pareja u otra persona cumpla esa rutina con el bebé durante varios días. Eso puede ayudar a romper el hábito ya que el pequeño no asociará a esa otra persona con el amamantamiento.
- Durante el proceso de destete, evite sentarse con su hijo en lugares asociados con el amamantamiento (por ej., la silla donde lo amamanta). En lugar de ello, mime al bebé o juegue con él en otro lugar durante la hora habitual de amamantarlo.
- No olvide ofrecerle regularmente comidas y bebidas para disminuir su apetito y sed.

Haga que el pequeño participe en una actividad divertida a la hora en que habitualmente lo amamantaría.

- Si su hijo comienza a adquirir un hábito para calmarse solo, tal como apegarse a una manta de transición o un juguete relleno especial, no se lo impida. Incluso puede estimularle ese hábito dándole un objeto especial o "adorable" para que lo sujete mientras se amamanta.
- Sea flexible, delicada y paciente. Observe las reacciones de su hijo y respételas. Si a él le resulta difícil abandonar la sesión de amamantamiento de la mañana, tal vez le convenga continuarla por un tiempo en lugar de obligarlo a cambiar de hábito.
- Prepárese para experimentar toda una variedad de emociones. Son algo totalmente normal.

Recuerde que todavía hay innumerables maneras de brindarle afecto, intimidad y seguridad al bebé. Durante el destete, mímelo más de lo habitual. El destete no tiene que señalar la pérdida de intimidad.

Acciones cariñosas... tierno afecto

Cómo enseñar señales al bebé: "más" y "ya terminé"

Es importante ser flexible y receptiva con las señales del bebé. Pero también puede ser útil tener rutinas predecibles para indicarle al bebé que va a tomar una siesta, que ya termina la comida o que mamá o papá dice "hasta luego". Anteriormente hablamos de cómo la experiencia de hablar con los bebés los ayuda a comprender el significado del lenguaje. Sin embargo, los bebés y los niños pequeños todavía no procesan muy fácilmente lo que se dice en palabras. Puede ser útil agregar algunas señales visuales cuando les habla. Por ejemplo, junto con las palabras que diga, puede hacer gestos o señas con las manos. Reconocer las señales de que el bebé desea más o que ya ha terminado y ofrecerle una señal predecible de "más" y "ya terminé" le brindará al pequeño cierto control sobre lo que desea y necesita.

Algunos expertos en el desarrollo infantil creen que los bebés pueden comunicarse con señas de las manos antes de decir palabras. Se considera que, si pueden comunicarse con señales de las manos, se sentirán más seguros y menos frustrados. Además, la investigación ha sugerido que los gestos y el habla utilizan circuitos neurales similares en el cerebro, y que aumenta el vocabulario del bebé a medida que mejora la motricidad fina de sus dedos. Así que, cuando el pequeño imite las señas de sus manos, esos ejercicios de motricidad fina realmente lo ayudan con los movimientos de la boca y la adquisición de vocabulario. Por lo tanto, puede ser útil enseñarle algunas señas predecibles con la mano, tales como "comer" (llevando los dedos a la boca cada vez que dice "comer"), "más" (juntando entre sí los dedos de ambas manos y tocando las yemas) o "ya terminé" (comenzando con las manos elevadas, y bajándolas delante del pecho).

Puede ser útil enseñarle al bebé algunas señas predecibles con la mano.

Puede comenzar a usar esas señas tan pronto como lo desee. Un buen momento puede ser alrededor de los 6 meses, cuando comience a darle alimentos sólidos. Sin

> El uso de señas ayuda no solo a mejorar la capacidad del bebé para comunicarse, sino también a comprender mejor las palabras que usted dice.

embargo, probablemente pasen varios meses antes de que el bebé use esas señas para comunicarse con usted (y algunos bebés nunca lo logran). De modo que tenga paciencia y sepa que el uso de señas ayuda no solo a mejorar la capacidad del bebé para comunicarse, sino también a comprender mejor las palabras que usted dice. Hay muchos libros y sitios web que ofrecen imágenes y demostraciones de señas sencillas. Pero usted también puede inventar sus propias señas. Lo importante es que el bebé tenga una manera de comunicarse con usted. Si el bebé y usted pueden reconocer la misma seña, no es necesario que sea un gesto oficial del lenguaje de señas.

Mejore la comunicación

El estreñimiento en el bebé

El estreñimiento en el bebé es cuando el pequeño evacua materia fecal muy dura y seca. Si el bebé se retuerce y se pone rojo al evacuar el vientre, no se preocupe. Todo ese esfuerzo es normal y ayuda a mover los intestinos del pequeño. Tampoco es importante la frecuencia con que el bebé evacua el vientre. Algunos pasan hasta 7 días sin hacerlo. Lo importante es que la materia fecal sea blanda (como mantequilla de maní) cuando salga.

Los bebés amamantados rara vez se estriñen. Los bebés alimentados con fórmula pueden estreñirse si se prepara incorrectamente, con demasiada fórmula en polvo en el agua o al agregar cereal en el biberón. Entre otras razones del estreñimiento se incluye darle alimentos sólidos incorrectos para la edad del bebé, tales como demasiadas legumbres y cereales con alto contenido de fibra o darle líquido insuficiente cuando hace calor.

Muchos bebés se estriñen un poco cuando se agregan por primera vez alimentos iniciales tales como cereal de arroz, plátanos y puré de manzana. En ese caso, a los bebés mayores de 6 meses puede darles alguna fruta como puré de peras o de pasas. A veces la deshidratación (o la pérdida de agua del cuerpo) puede producir estreñimiento, especialmente donde hace mucho calor. En ese caso, puede agregar líquido a la dieta del bebé ofreciéndole agua hervida y enfriada entre alimentaciones con fórmula o sesiones más frecuentes de amamantamiento. Un baño tibio puede ayudar a relajar los músculos del bebé ¡pero no se sorprenda si él evacua el vientre en el agua de su baño!

Un baño tibio puede ayudar a relajar los músculos del bebé ¡pero no se sorprenda si él evacua el vientre en el agua de su baño!

IMPORTANTE PARA EL BEBÉ

Nunca le dé jugo de frutas (ni ningún alimento sólido) a un bebé menor de 6 meses.

Aprender a gatear: el impulso de explorar

Poner objetos en el piso, apenas al alcance del pequeño, lo motivará a gatear.

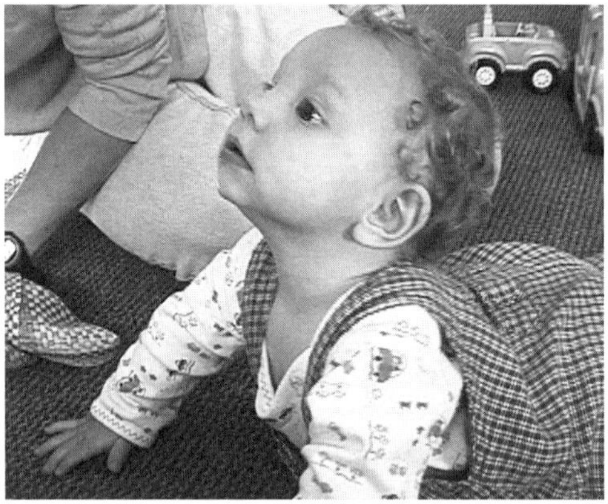

Los bebés pasan de estar totalmente pasivos y depender de usted a volverse curiosos y comenzar a explorar los objetos que pueden ver. A veces eso puede ser frustrante para ellos porque no ha madurado el control de su cuerpo y es difícil alcanzar las cosas que desean explorar. ¡No es fácil coordinar el frente y el dorso del cuerpo para gatear! Puede estimular al bebé para que use los músculos de gatear. Para ello, sosténgale suavemente las piernas mientras él intenta moverse. Poner objetos en el piso, apenas al alcance del pequeño, lo motivará a gatear. Sin embargo, recuerde que gatear es uno de los hitos más variados e impredecibles del desarrollo. Muchos bebés se caracterizan por un estilo para gatear que es único en su tipo ¡y otros bebés aprenden a caminar sin haber gateado antes!

Cómo leer las señales del bebé y su preparación para el desarrollo cerebral: Déjese guiar por el bebé

Hemos hablado de la importancia de comprender el estado interno y las señales del bebé sobre su interés en comer, y también la importancia de permitirle independizarse un poco para estimularlo. El mismo principio también se aplica para estimular el desarrollo físico del bebé, tal como rodar sobre la barriga, gatear, pararse y caminar. Puede estimularlo a gatear poniendo su juguete favorito apenas a su alcance. Pero no le conviene que se frustre si trata de llegar pero los músculos de las piernas todavía no se lo permiten. Puede dejarlo luchar un poquito y luego ayudarlo acercándole el juguete favorito un poquito más para que pueda lograrlo. Esto es otro ejemplo de interpretar las señales del bebé y comprender sus exclusivas aptitudes del desarrollo. Recuerde que hemos hablado del "cableado" individual del cerebro de cada bebé. De hecho, hay ciertas etapas del desarrollo que se experimentan comúnmente, pero cada bebé no pasa por ellas de la misma manera. Es importante no exigir a los bebés que cumplan tareas para las que su cerebro o su cuerpo no se ha desarrollado todavía.

Es importante no exigir a los bebés que cumplan tareas para las que su cerebro o su cuerpo no se ha desarrollado todavía.

Los bebés de 6–9 meses comienzan a descubrir lo que puede hacer su cuerpo. No solamente aprenden a gatear para alcanzar lo que desean sino que también comienzan a jalar de algo para pararse. Lo importante de ese aprendizaje es la práctica, la repetición y el ánimo que le den los padres por esos esfuerzos.

Que su casa sea segura para el bebé: lista completa de control para la seguridad

Ahora que el bebé comienza a moverse por el piso o a jalar de algo para pararse, usted tiene que comprobar que toda la casa sea segura para el pequeño. Recuerde que al bebé le interesan los objetos pequeños y, para explorarlos, se los pone en la boca. Por eso, asegúrese de que no haya objetos pequeños en el piso ni en ningún lugar donde deje al niño. Gatee usted misma por la casa y busque los posibles peligros.

Recuerde que en esta etapa el bebé tiene una necesidad insaciable de explorar su ambiente y casi no puede controlar sus impulsos. La mejor manera de mantenerlo seguro en este momento es la prevención. Compruebe que el ambiente esté organizado para que el bebé pueda explorarlo casi todo con seguridad. Con mucha suavidad puede comenzar a enseñarle la palabra "no". Pero no espere que él cambie inmediatamente de idea. Entonces, si ha hecho que la habitación sea segura para el bebé y este toca un tomacorriente eléctrico que tiene una tapa de seguridad, puede moverle la mano en forma firme pero suave, y decirle "no, no es seguro". Luego puede distraerlo con algo que pueda tocar. El bebé no podrá obedecer los "no" de mamá o papá por varios meses más. Por eso le conviene reservar esa palabra para algunas cosas relacionadas con la seguridad (estufas, tomacorrientes) y jamás lo deje en una situación donde depende de su autocontrol... ¡Todavía no lo tiene!

Repase la lista de control para garantizar la seguridad del bebé, que aparece al final de este capítulo. Marque lo que ya haya hecho y fíjese la meta de cumplir con lo que falta para que la casa sea segura.

Aprendizaje por observación, imitación y acciones

¿Recuerda que en capítulos anteriores hablamos de cómo los bebés pequeños aprenden al observar e imitar las acciones, las expresiones faciales, las palabras y las respuestas de sus padres? Esa imitación aumenta todavía más cuando los bebés adquieren mayor control sobre su conducta. Por ejemplo, juegue a las palmitas con el bebé y observe cómo la imita. Eso se llama "aprendizaje por observación" o "por ejemplo"; es decir que el bebé aprende al copiar, imitar o reflejar lo que usted hace.

A esta edad los pequeños aprenden no solo por imitar y observar a los mayores sino también por su propia exploración y sus descubrimientos. Es importante estimular la curiosidad del bebé y brindarle oportunidades para explorar.

Los pequeños aprenden no solo por imitar y observar a los mayores sino también por su propia exploración y sus descubrimientos.

El ejemplo de las conductas sociales y el lenguaje

La travesía de los juegos de descubrimiento: la permanencia del objeto o la persona

Cuando usted se ausente, él lo notará, la echará de menos y la buscará.

Hacia el segundo semestre de vida, los bebés comienzan a desarrollar lo que se llama permanencia del objeto o la persona. Antes de que los bebés desarrollen esa permanencia de objetos o personas, cuando usted (o los objetos) está fuera de la vista del pequeño, deja de existir para él. Los bebés que no tienen la permanencia del objeto no procuran ver qué sucede cuando dejan caer algo... Ojos que no ven, corazón que no siente. Quizás también haya observado que los bebés más pequeños habitualmente se alegran cuando pasan de brazo en brazo entre muchos adultos diferentes. Si lloran, generalmente se debe a que tienen hambre, están cansados o incómodos, pero a menudo pueden ser calmados por cualquier adulto que cubra esas necesidades. Antes de la permanencia del objeto, el bebé la ama y la necesita a usted, y puede calmarse fácilmente con cuidadores conocidos. Pero cuando usted no está presente, él no la busca deliberadamente.

Jugar a las escondidas y a esconder y encontrar

Mi bebé confía en mí

A medida que el bebé comienza a desarrollar la permanencia de la persona y el objeto, cuando usted se ausente, él lo notará, la echará de menos y la buscará. Eso también se aplica a los objetos. En esta etapa, los bebés mirarán hacia abajo cuando dejan caer algo o mirarán debajo de una servilleta si ven que usted escondió un juguete. Una vez que comienzan a desarrollar la permanencia de la persona y el objeto, tienen que aprender a confiar en que las personas (y las cosas) regresarán cuando desaparezcan. Piense que si el bebé no se da cuenta de eso, cada vez que usted salga de la habitación, él no estará seguro de adónde fue y si alguna vez regresará. Una manera de ayudar al bebé a aprender sobre la permanencia del objeto y la persona es jugar a las escondidas y a esconder y encontrar. ¡En esos juegos, usted se esconde y luego regresa! Si lo hace una y otra vez ayudará al bebé a descubrir que, aunque no la vea, usted todavía está cerca. Esto no solo es divertido para ambos sino que también ayuda a fortalecer en el bebé el sentido emocional de lo predecible y su confianza en usted.

Una manera de ayudar al bebé sobre la permanencia del objeto o la persona es jugar juegos como esconder y encontrar.

Aquí hay algunas sugerencias de juegos de descubrimientos que puede jugar con el bebé:

Los juegos del bebé

Juegue a las escondidas: Cúbrase la cara con la manta del bebé y diga "mamá no está". Aguarde un momento, descúbrase y diga "¡aquí estoy!" Hágalo otra vez. O bien cúbrale la cara al bebé con la manta y diga "el bebé no está". Aguarde un momento, descúbralo y diga "¡aquí está el bebé!". Pronto descubrirá que el bebé se cubre la cara con la manta y se descubre cuando usted repite las palabras o jala la manta con la que usted se esconde.

Esconder y encontrar: Ponga la manta del bebé sobre su juguete y diga "ya no está". Luego descubra el juguete y diga "aquí está". O bien podría usar las palabras "adiós" cuando algo se esconde y "hola" cuando regresa.

Relaciones mutuas

Esos juegos le permiten formar una relación de emociones mutuas con el bebé y fortalecer el apego. Usted también puede ayudar al bebé a comprender las separaciones y los reencuentros si sale por unos segundos o minutos de la habitación donde él está (si otra persona lo acompaña) y luego regresa. Si usted le narra sus acciones, el bebé comenzará a comprender los conceptos más pronto. Por ejemplo, "mamá va a la cocina; ¡enseguida vuelve!". Luego sale de la habitación, regresa unos segundos después y le dice "¡volvió mamá!". Si usted hace eso regularmente con el bebé en la casa, podrá usar las mismas palabras cuando lo deja con una niñera. Así él comenzará a aprender que "vuelve" o "vuelvo" significa que usted reaparecerá.

Cómo priorizar el disfrute del bebé: algunas actividades divertidas

Es importante priorizar el tiempo para disfrutar del bebé. Cuando el bebé vea que usted disfruta de su compañía, desarrollará en su mente un sentido de confianza en los demás y disfrutará de su relación con él. A partir de los 6-9 meses su bebé llegará a ser una persona encantadoramente social que ríe y balbucea para provocar la respuesta y atención de usted. Puede moverse más físicamente y probará su motricidad fina al manipular juguetes o alimentos. A partir de los 9-12 meses comenzará a verse y actuar como un pequeño caminador aunque todavía no camine. Juegue juegos que le permitan practicar su motricidad fina, tales como gatear, desplazarse sobre el piso o trepar ya que todas esas actividades serán particularmente interesantes para él. Prepárese. Este es el comienzo de la etapa de "puede hacerlo solo".

Algunos consejos para juegos y actividades:

Actividades divertidas

- Use una caja vacía o un canasto de lavadero para que el bebé se meta allí y usted lo arrastre por el piso como si estuviera en un auto. También puede usarla como cuna de muñecas, como una casa o un fuerte.
- Practique subir escalones bajo su supervisión. Por lo general, las escaleras son una zona prohibida, pero pueden usarse como un medio para enseñarle al bebé a subir y bajar los escalones con seguridad. Bajar los escalones es particularmente más difícil que subirlos. Ayude al bebé a bajar los escalones primero, bajando cada pie hacia el siguiente escalón. ¡Será sensacional para él!

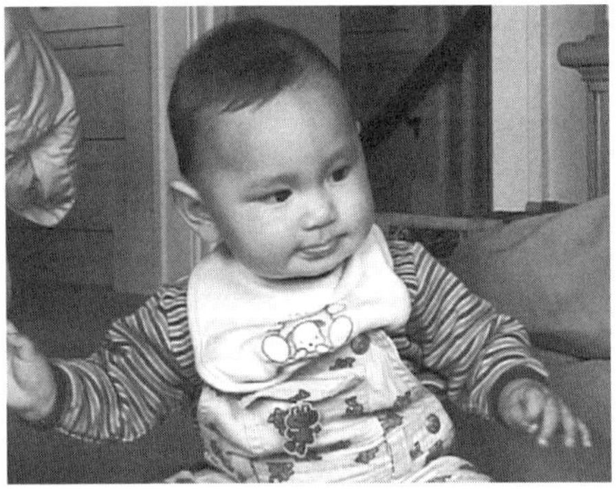

- Preséntele juguetes para empujar y montar aunque todavía no haya dominado las piernas. Al aprender a impulsarse sobre un juguete de montar o a empujar un carrito por el piso su bebé está fortaleciendo los músculos y disfrutando de cierta independencia de movimiento.
- Para estimularle la motricidad fina, consiga unos pinceles baratos y una vasija de agua y permita que el bebé “pinte” el piso de patio. O bien dele algunas tazas con piquito o un juego de té para que practique verter líquido.
- Apilar cosas: aunque el bebé no apilará aros en orden hasta los dos años de edad, ahora puede estimularlo a coordinar la vista con la mano al insertar cosas, en cualquier orden, en un poste de juguete.
- Con un tubo de toallas de papel haga un “tubo para hablar” y muéstrele cómo soplar, cantar y hablar por el tubo. Luego tomen turnos para que cada uno haga ruidos para el otro.
- Utilice títeres de mano para inventar cuentos, recitar versos y darle divertidos besos al bebé en diferentes partes. Chillará con alegría cuando le diga dónde va a darle un beso el títere. Eso también lo ayudará a conocer cómo se llaman las partes del cuerpo y a desarrollar una vida emocionalmente rica y equilibrada.
- Coordine encuentros con otros bebés. Aunque el suyo todavía no jugará con otros pequeños, disfrutará al observarlos e imitarlos.
- Comience algún trabajo artístico sobre la bandeja de la sillita alta. Ponga algo de crema batida, queso untable o jalea sobre la bandeja y muéstrele cómo tocar y desparramar el material para crear una obra de arte. Nombre las emociones del bebé y comparta las suyas con él.

Juegos y actividades musicales

- Cuando usted trabaja en la casa, permítale "ayudar" o imitar sus acciones. Le encantará rodar sobre la ropa recién lavada mientras usted la dobla, mezclar un pastel fingido con una cuchara de madera y un tazón vacío o usar una esponja para limpiar el piso o la bandeja de la sillita alta.
- Prepare en la cocina una gaveta baja con elementos seguros para el bebé. Al bebé le encantará gatear hasta la gaveta, abrirla y sacar potes de plástico, cucharas de madera y tazas con piquito. Usted puede instalar un seguro en la gaveta para evitar que le atrape los dedos al bebé.
- Coloque una tela plástica sobre el piso de la cocina o en el patio exterior y dele al bebé una pila o una cuba de avena para jugar. Dele una cuchara y algunas tazas y disfrutará de la experiencia de mezclar, revolver y sentir la textura de la avena.
- Una piscina plástica de natación vacía puede ser un divertido lugar para jugar (en el patio o la sala de estar). Llénela con varias pelotas de plástico y coloque al bebé en el medio. Le encantará empujar las pelotas y verlas rebotar sobre el borde. Si ya gatea, le encantará meterse en la piscina y salir de ella.

Leer libros con ilustraciones

IMPORTANTE PARA EL BEBÉ

Para todas estas actividades, usted tiene que supervisarlo, mantenerse cerca y darle la protección necesaria para que el bebé esté seguro.

Cómo crear recuerdos felices

En el diario de los recuerdos felices del bebé escriba sobre algunas ocasiones alegres que haya compartido con el pequeño. Escriba sobre la primera vez que comió un alimento sólido o su juego favorito con usted. Son historias divertidas para leerle a sus hijos cuando sean más grandes y usted comparta con ellos esos recuerdos felices de cuando eran bebés. Incluya fotos junto a los recuerdos en el diario.

En resumen…

Y así el primer año de vida ha sido una increíble travesía para los padres y los bebés. Su bebé llegó con un temperamento exclusivo y un cerebro sin desarrollar por lo que inicialmente estaba desamparado. No podía ni siquiera levantar la cabeza o rodar sin la ayuda de un adulto. A través de la alimentación, el contacto físico, la estimulación visual, la comunicación y las respuestas afectuosas, el bebé fue aumentando gradualmente las conexiones neurales de su cerebro. Así ha podido controlar mejor el cuerpo y ha comenzado a descubrir otras cosas en su ambiente. Se ha descubierto las manos y los pies, y se divierte al moverlos. Ha aprendido que puede ponerse muchas cosas en la boca para explorarlas. También ha aprendido gradualmente a gatear, jalar de algo para pararse y caminar. Su bebé comienza a descubrir la conciencia en sí mismo, las maneras de comunicarse con otros, una vida emocional feliz y un intenso anhelo por explorar el mundo que lo rodea. Durante este primer año, el cerebro del bebé ha estado bajo construcción a gran escala. La sensibilidad, el permanente afecto y las interacciones positivas y sincronizadas con usted le han proporcionado el apoyo necesario para una sólida base neural. Usted ha estado controlando el ambiente de su bebé. A la vez, ese ambiente modela la estructura y el "cableado" del cerebro del bebé y su futuro desarrollo.

El primer año de vida es una increíble travesía para los padres y los bebés.

Detalles para recordar

COMENZAR A DARLE ALIMENTOS SÓLIDOS

6 meses

- A los 6 meses comience a darle sólidos, comenzando con una pequeña cantidad de alimento una vez al día. Hasta entonces, todo lo que el bebé necesita es leche materna o fórmula. Se ha demostrado que aguardar hasta los 6 meses para darle alimentos sólidos reduce el riesgo de que el bebé padezca alguna alergia. Si usted lo amamanta, eso también aumentará la inmunidad del pequeño por el resto del primer año.
- Su bebé estará listo para empezar a comer alimentos sólidos cuando pueda controlar la cabeza, demuestre interés en los alimentos, pueda sentarse bien y haya duplicado su peso al nacer.
- Permita que el bebé coma en la sillita alta con la familia cada vez que sea posible, y no frente a la televisión o de prisa. Recuerde trabar las correas de seguridad en la sillita del bebé.
- Comience con arroz fortificado con hierro, que no contiene gluten y es menos alergénico que otros alimentos.
- Primero amamántelo o dele el biberón y luego 1–2 cucharaditas de cereal seco mezclado con leche materna o fórmula.

Alimentación afectuosa

- No ponga alimento sólido en el biberón del bebé porque así no aprenderá a comer con una cuchara.
- Comience a darle alimento sólido una vez al día en un momento en que ni usted ni el bebé esté cansado.
- Use una cuchara con punta de caucho para no lastimarle las encías.
- Si al bebé parece no interesarle comer de una cuchara, no se preocupe. Es mejor permitirle oler, saborear, tocar y explorar los alimentos, y aprender a comer con los dedos y sin ayuda.
- Permítale sostener su propia cuchara, coma usted con una cuchara y muéstrele cómo hacerlo.

- No se preocupe por la posibilidad de que el bebé se asfixie si come solo. A esta edad no puede empujar el alimento hacia la garganta para tragarlo. ¡Y por esa razón lo escupe!
- Si el bebé se inclina hacia atrás o gira la cabeza en sentido contrario a la comida, probablemente ya ha comido lo suficiente o se ha aburrido con el juego de la comida.
- Recuerde que los bebés necesitan primero aprender a masticar y tragar. Puede que pasen varios meses antes de que aprendan lo suficiente como para obtener una ventaja nutricional de los alimentos sólidos. Durante algunos meses, el bebé obtendrá la mayor parte de su nutrición de la leche materna o la fórmula. Considere ofrecerle alimentos sólidos inicialmente a modo de juego y práctica para aprender a comer.

9-12 meses

- Aumente gradualmente la consistencia, la textura y la variedad de alimentos que le ofrece.
- Deje que el bebé escoja los que desee probar y comer. Permítale escoger.
- Prepárese para todo lo que ensuciará el bebé. Coloque una hoja de plástico o una tela limpia debajo de su sillita alta y vístalo con una camiseta de mangas cortas. Recuerde que todo eso es parte del aprendizaje: dejar caer comida, cucharas y ensuciar.
- Elija alimentos sin agregado de sal o azúcar. Evite los alimentos bajos en grasa y con alto contenido de fibra. Ofrézcale alimentos en trocitos o bastoncillos (verduras, frutas, pollo) que el bebé pueda sujetar. Los alimentos ligeramente cocinados, blandos y con cierta solidez son excelentes para que el bebé pruebe y coma. Una tostada es más fácil de comer que el pan blando y los bastoncillos de pan son excelentes para mojar en salsas.
- Permanezca con el bebé cada vez que esté comiendo. Es preferible que toda la familia coma al mismo tiempo para mostrarle al bebé las conductas a la mesa.
- **Lo más importante es dejarse dirigir por el bebé a la hora de comer, es decir, permitir que el pequeño controle lo que come. Haga que en esa ocasión el bebé se divierta, descubra y explore los alimentos. Eso evitará muchos problemas futuros con la comida.**

NOTA: No es necesario hacer puré con el alimento ni dárselo con cuchara. Cuando los bebés comen por sí solos aprenden a explorar el gusto, la textura y el olor, y mejoran su coordinación manual y visual.

HITOS IMPORTANTES EN EL DESARROLLO SOCIAL Y EMOCIONAL
6–12 MESES

- comienza la ansiedad ante los extraños (empieza a los 7–8 meses, llega al punto máximo a los 10-18 meses)
- dice “adiós” con la mano (8 meses)
- comienza a comprender la permanencia del objeto (7–8 meses)
- puede decir “mamá” o “papá” sin distinguir (8 meses)
- comienza a comprender el significado de las palabras (7–8 meses)
- busca objetos ocultos (8–9 meses)
- intentará alcanzar objetos con la mano e indicará con un gesto lo que desea (8–9 meses)
- parloteo (9 meses)
- juega a las palmitas y a las escondidas (10–11 meses)
- le dice “mamá” a mamá y “papá” a papá (10–11 meses)
- comprende unas 50 palabras pero no puede decirlas (a los 12 meses) (verbos de acción, comer, hora del baño, etc.)
- se descubre en el espejo

HITOS EN EL DESARROLLO FÍSICO

6–12 MESES

- se sienta sin apoyo (7 meses)
- comienza a intentar gatear (7–8 meses)
- se para mientras se sujeta de algo (8–9 meses)
- hace gestos y señala objetos (8–9 meses)
- intentará alcanzar objetos con la mano e indicará con un gesto lo que desea (8–9 meses)
- recoge un objeto pequeño con los dedos pulgar e índice y se lo lleva a la boca (9 meses)
- voltea las páginas de un libro (9 meses)
- bebe de una taza con piquito y come con los dedos (9 meses)
- gatea bien levantando la barriga del piso (10 meses), pero el gateo es sumamente variable y los bebés tienen diversas maneras de dominar esa destreza. Algunos arrastran un pie, otros gatean "estilo comando" y otros se desplazan sujetándose de las cosas, sin haber gateado. Mientras el bebé cumpla otros hitos del desarrollo, es probable que las variaciones en la edad y el estilo de gateo del pequeño sean totalmente normales.
- pone objetos en un recipiente (11 meses)
- se para brevemente sin apoyo (11 meses)
- se desplaza sujetándose de las cosas (12 meses)

Dominio de las destrezas

DIARIO DE LOS SENTIMIENTOS DE MI BEBÉ

Escriba aquí algunas anécdotas sobre cómo expresa las emociones el bebé.

PRIMERAS ALEGRÍAS Y AFECTOS

PRIMERA TRISTEZA

PRIMER ENOJO

PRIMEROS TEMORES

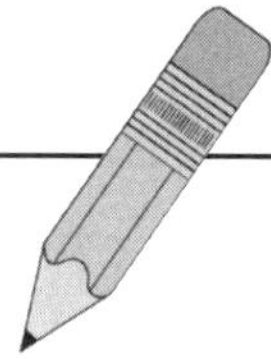

Diario de los recuerdos felices 6–12 MESES

Escriba aquí algunos recuerdos felices sobre los primeros descubrimientos y exploraciones del bebé. Escriba sobre las preferencias del bebé en juegos, cuentos, canciones y alimentos. Consérvelas para leerle a su hijo cuando sea más grande.

Mi lista de control para que la casa sea segura para el bebé

Examine esta lista de control y marque todo lo que haya cumplido.

- ❑ He comprobado que no haya objetos pequeños (monedas, alfileres de seguridad, canicas, uvas, maníes, palomitas de maíz, llaves, etc.) ni bolsas plásticas para que el bebé los encuentre. Los objetos que quepan dentro de un tubo de papel higiénico presentan un peligro de asfixia.
- ❑ He asistido a una clase de resucitación cardiopulmonar (CPR) para bebés
- ❑ Todas las sustancias tóxicas, incluso los productos de limpieza, el champú, etc., están en armarios con traba o cierre de seguridad
- ❑ He quitado o colocado en un lugar bien alto las plantas domésticas que son tóxicas
- ❑ Lavo las sonajas y los juguetes del bebé en el lavaplatos
- ❑ La silla de automóvil para bebé tiene la aprobación del gobierno y se ha instalado correctamente, con el asiento orientado hacia atrás en el asiento trasero. Siempre uso esa silla al transportar a mi bebé en el auto.
- ❑ Siempre superviso atentamente a mi bebé
- ❑ Nunca dejo al bebé solo en la bañera, sobre la cama, sobre la mesa para cambiar pañales o en el auto ni siquiera por un minuto
- ❑ Se ha instalado una puertita para bebés en ambos extremos de las escaleras
- ❑ Se han colocado protectores alrededor de hogares o calentadores y sobre tomacorrientes eléctricos

- ❑ En la cuna del bebé no hay objetos pequeños, ni mantas, almohadas o animalitos de peluche. La distancia entre una y otra barra de la cuna no supera las 2-3/8 pulg. (6 cm)
- ❑ Acuesto al bebé boca arriba para dormir
- ❑ La ropa de dormir de mi bebé es resistente al fuego
- ❑ He instalado un detector de humo
- ❑ He programado la temperatura del agua caliente por debajo de 120 grados F (49 grados C)
- ❑ Nunca dejo a mi hijo solo con una mascota
- ❑ He colocado un conjunto de números de emergencia junto al teléfono

La perspectiva del bebé

COSAS QUE PUEDO HACER
(9–12 meses)

Actividad	Fecha	Observaciones/Comentarios
Reconozco a mamá o papá entre otros adultos		
Me he descubierto en el espejo		
Puedo decir "adiós" con la mano		
Puedo decir "mamá" a mamá y "papá" a papá		
Puedo buscar algo que está escondido		
Puedo parlotear		

La perspectiva del bebé

COSAS QUE PUEDO HACER (9–12 meses)

Actividad	Fecha	Observaciones/Comentarios
Entiendo el significado de "no"		
Puedo entender lo que me dices		
Puedo tratar de tomar lo que quiero		
Soy curioso y deseo explorar las cosas		
Puedo recoger un objeto pequeño con los dedos		
Me gustan los libros "para tocar y sentir"		

La perspectiva del bebé

COSAS QUE PUEDO HACER
(9–12 meses)

Actividad	Fecha	Observaciones/Comentarios
Reconozco mis alimentos favoritos y estoy probando nuevos sabores		
Bebo de una taza con piquito y me gusta comer con una cuchara		
Me encanta jugar a las palmitas y a las escondidas		
Gateo y puedo levantar mi barriga del piso		
Puedo usar los dedos y las manos para recoger muy bien los alimentos		
Puedo pararme brevemente sin ayuda		
Camino sujetándome de las cosas		

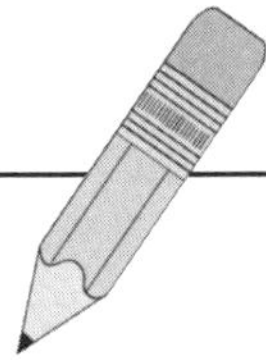

EL DIARIO DE LA NIÑERA

Niñera: escriba aquí las cosas que haya observado en el bebé durante el día, lo que le gusta, lo que no le gusta y nuevos hitos en su desarrollo.

HORARIO

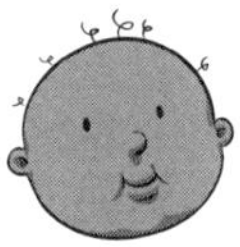

LE GUSTA

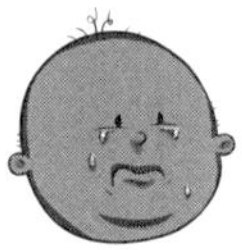

NO LE GUSTA

NUEVOS HITOS EN EL DESARROLLO

COSAS NUEVAS QUE INTENTAMOS

Notas para la niñera sobre
EL HORARIO DE MI BEBÉ, LO QUE LE GUSTA Y LO QUE NO LE GUSTA

Edad del bebé: ____ meses

FOTOS DEL BEBÉ

CARTA A MI BEBÉ

Escriba aquí una carta a su bebé sobre lo usted que piensa, siente y espera.

Querid_ ____________: